거대한 뿌리

김수영 시선

거대한 뿌리

오늘의 시인 총서 1

민음사

차례

孔子의 생활난 ——— 9
아버지의 사진 ——— 10
달나라의 장난 ——— 12
풍뎅이 ——— 15
시골 선물 ——— 16
九羅重花 ——— 18
나의 가족 ——— 21
거미 ——— 24
헬리콥터 ——— 25
거리 2 ——— 28
구름의 파수병 ——— 33
여름 뜰 ——— 35
白蟻 ——— 37
병풍 ——— 41
눈 ——— 42
폭포 ——— 43
서시 ——— 44
死靈 ——— 45
가옥찬가 ——— 47
말복 ——— 49
파리와 더불어 ——— 52
하…… 그림자가 없다 ——— 54
푸른 하늘을 ——— 58
거미잡이 ——— 59
피곤한 하루의 나머지 시간 ——— 60

차례

그 방을 생각하며 — 61
사랑 — 63
여편네의 방에 와서 — 64
등나무 — 66
모르지? — 70
누이야 장하고나! — 72
먼 곳에서부터 — 75
詩 — 76
적 — 78
마케팅 — 80
長詩 1 — 82
피아노 — 86
플란넬 저고리 — 88
여자 — 90
돈 — 91
반달 — 92
우리들의 웃음 — 95
참음은 — 97
거대한 뿌리 — 98
강가에서 — 101
말 — 103
현대식 교량 — 105
적 1 — 107
적 2 — 108
절망 — 110

차례

어느날 고궁을 나오면서 ——————————— 111
이 한국문학사 ————————————————— 114
H ———————————————————————————— 116
눈 ———————————————————————————— 118
설사의 알리바이 ——————————————— 119
엔카운터誌 ————————————————————— 121
전화 이야기 ———————————————————— 124
사랑의 변주곡 ——————————————————— 126
거짓말의 여운 속에서 ———————————— 129
꽃잎 1 ——————————————————————————— 132
꽃잎 2 ——————————————————————————— 133
꽃잎 3 ——————————————————————————— 135
美濃印札紙 ————————————————————— 138
性 ———————————————————————————— 140
풀 ———————————————————————————— 142

해설/김현
자유와 꿈 ————————————————————— 143
연보 ———————————————————————————— 157
시작품 연보 ———————————————————— 159

孔子의 생활난

꽃이 열매의 上部에 피었을 때
너는 줄넘기 作亂을 한다

나는 발산한 형상을 구하였으나
그것은 작전같은 것이기에 어려웁다

국수──이태리어로는 마카로니라고
먹기 쉬운 것은 나의 반란성일까

동무여 이제 나는 바로 보마
사물과 사물의 생리와
사물의 수량과 한도와
사물의 우매와 사물의 명석성을

그리고 나는 죽을 것이다

아버지의 사진

아버지의 사진을 보지 않아도
비참은 일찍이 있었던 것

돌아가신 아버지의 사진에는
안경이 걸려있고
내가 떳떳이 내다볼 수 없는 현실처럼
그의 눈은 깊이 파지어서
그래도 그것은
돌아가신 그날의 푸른 눈은 아니오
나의 기아처럼 그는 서서 나를 보고
나는 모오든 사람을 또한
나의 처를 피하여
그의 얼굴을 숨어 보는 것이오

영탄이 아닌 그의 키와
저주가 아닌 나의 얼굴에서
오오 나는 그의 얼굴을 따라
왜 이리 조바심하는 것이오

조바심도 습관이 되고
그의 얼굴도 습관이 되며
나의 무리하는 生에서
그의 사진도 무리가 아닐 수 없이

그의 사진은 이 맑고 넓은 아침에서
또하나의 나의 팔이 될 수 없는 비참이오
행길에 얼어붙은 유리창들같이
시계의 열두시같이
재차는 다시 보지 않을 편력의 역사……

나는 모든 사람을 피하여
그의 얼굴을 숨어 보는 버릇이 있소

달나라의 장난

팽이가 돈다
어린아이이고 어른이고 살아가는 것이 신기로워
물끄러미 보고 있기를 좋아하는 나의 너무 큰 눈 앞에서
아이가 팽이를 돌린다
살림을 사는 아이들도 아름다웁듯이
노는 아이도 아름다워 보인다고 생각하면서
손님으로 온 나는 이 집 주인과의 이야기도 잊어버리고
또한번 팽이를 돌려주었으면 하고 원하는 것이다
도회 안에서 쫓겨다니는 듯이 사는
나의 일이며
어느 소설보다도 신기로운 나의 생활이며
모두 다 내던지고
점잖이 앉은 나의 나이와 나이가 준 나의 무게를 생각하면서
정말 속임 없는 눈으로
지금 팽이가 도는 것을 본다
그러면 팽이가 까맣게 변하여 서서 있는 것이다
누구 집을 가 보아도 나 사는 곳보다는 여유가 있고

바쁘지도 않으니
마치 별세계같이 보인다
팽이가 돈다
팽이가 돈다
팽이 밑바닥에 끈을 돌려 매니 이상하고
손가락 사이에 끈을 한끝 잡고 방바닥에 내어던지니
소리없이 회색빛으로 도는 것이
오래 보지 못한 달나라의 장난같다
팽이가 돈다
팽이가 돌면서 나를 울린다
제트기 벽화 밑의 나보다 더 뚱뚱한 주인 앞에서
나는 결코 울어야 할 사람은 아니며
영원히 나 자신을 고쳐가야 할 운명과 사명에 놓여있는 이 밤에
나는 한사코 방심조차 하여서는 아니될 터인데
팽이는 나를 비웃듯이 돌고 있다
비행기 프로펠러보다는 팽이가 기억이 멀고
강한 것보다는 약한 것이 더 많은 나의 착한 마음이기에

팽이는 지금 수천년 전의 성인과 같이
내 앞에서 돈다
생각하면 서러운 것인데
너도 나도 스스로 도는 힘을 위하여
공통된 그 무엇을 위하여 울어서는 아니된다는 듯이
서서 돌고 있는 것인가
팽이가 돈다
팽이가 돈다

풍뎅이

너의 앞에서는 우둔한 얼굴을 하고 있어도 좋았다
백년이나 천년이 결코 긴 세월이 아니라는 것은
내가 사랑의 테두리 속에 끼여있기 때문이 아니리라
추한 나의 발 밑에서 풍뎅이처럼 너는 하늘을 보고 운다
그 넓은 등판으로 땅을 쓸어가면서
네가 부르는 노래가 어디서 오는 것을
너보다는 내가 더 잘 알고 있는 것이다
내가 추악하고 우둔한 얼굴을 하고 있으면
너도 우둔한 얼굴을 만들 줄 안다
너의 이름과 너와 나와의 관계가 무엇인지 알아질 때까지
소금같은 이 세계가 존속할 것이며
의심할 것인데
등 등판 광택 거대한 여울
미끄러져가는 나의 의지
나의 의지보다 더 빠른 너의 노래
너의 노래보다 더한층 신축성이 있는
너의 사랑

시골 선물

  종로 네거리도 행길에 가까운 일부러 떠들썩한 찻집을 택하여 나는 앉아있다
  이것이 도회 안에 사는 나로서는 어디보다도 조용한 곳이라고 생각하고 있기 때문이다
  그러한 나의 반역성을 조소하는 듯이 스무살도 넘을까 말까 한 노는 계집애와 머리가 고슴도치처럼 부수수하게 일어난 쓰메에리의 학생복을 입은 청년이 들어와서 커피니 오트밀이니 사과니 어수선하게 벌여놓고 계통 없이 처먹고 있다
  신이라든지 하느님이라든지가 어디있느냐고 나를 고루하다고 비웃은 어제저녁의 술친구의 천박한 머리를 생각한다
  그 다음에는 나는 중앙선 어느 협곡에 있는 역에서 백여리나 떨어진 광산촌에 두고 온 잃어버린 겨울모자를 생각한다
  그것은 갈색 낙타모자 그리고 유행에서도 훨씬 뒤떨어진 서울의 화려한 거리에서는 도저히 쓰고 다니기 부끄러운 모자이다
  거기다가 나의 부처님을 모신 법당 뒷산에 묻혀있는

검은 바위같이 큰 머리에는 둘레가 작아서 맞지 않아 그 모자를 쓴 기분이란 쳇바퀴를 쓴 것처럼 딱딱하다

 그러나 나는 그것을 시골이라고 무관하게 생각하고 쓰고 간 것인데 결국은 잃어버리고 말았다

 그것이 아까워서가 아니라 서울에 돌아온 지 일주일도 못 되는 나에게는 도회의 소음과 광증과 속도와 허위가 새삼스럽게 밉고 서글프게 느껴지고

 그러할 때마다 잃어버려서 아깝지 않은 잃어버리고 온 모자 생각이 불현듯이 난다

 저기 나의 맞은편 의자에 앉아 먹고 떠들고 웃고 있는 여자와 젊은 학생을 내가 시골을 여행하기 전에 그들을 보았더라면 대하였으리 감정과는 다른 각도와 높이에서 보게 되는 나는 내 자신의 감정이 보다 더 거만해지고 순화되어진 탓이라고는 생각하지 않는다

 나는 구태여 생각해본다

 그리고 비교해본다

 나는 모자와 함께 나의 마음의 한 모퉁이를 모자 속에 놓고 온 것이라고

 설운 마음의 한 모퉁이를.

九羅重花
──어느 소녀에게 물어보니 너의 이름은 글라디올러스라고

저것이야말로 꽃이 아닐 것이다
저것이야말로 물도 아닐 것이다

눈에 걸리는 마지막 물건이 무엇이냐고 물어보는 듯
영롱한 꽃송이는 나의 마지막 인내를 부숴버리려고 한다

나의 마음을 딛고 가는 거룩한 발자국소리를 들으면서
지금 나는 마지막 붓을 든다

누가 무엇이라 하든 나의 붓은 이 시대를 진지하게 걸어가는 사람에게는 치욕

물소리 빗소리 바람소리 하나 들리지 않는 곳에
  나란히 옆으로 가로 세로 위로 아래로 놓여있는 무수한 꽃송이와 그 그림자
  그것을 그리려고 하는 나의 붓은 말할 수 없이 깊은 치욕

이것은 누구에게도 보이지 않을 글이기에

(아아 그러한 시대가 온다면 얼마나 좋은 일이냐)
나는 동요 없는 마음으로
너를 다시한번 치어다보고 혹은 내려다보면서 무량의
환희에 젖는다

꽃 꽃 꽃
부끄러움을 모르는 꽃들
누구의 것도 아닌 꽃들
너는 네가 먹고 사는 물의 것도 아니며
나의 것도 아니고 누구의 것도 아니기에
지금 마음놓고 고즈녁이 날개를 펴라
마음대로 뛰놀 수 있는 마당은 아닐지나
(그것은 〈골고다〉의 언덕이 아닌
현대의 가시철망 옆에 피어있는 꽃이기에)
물도 아니며 꽃도 아닌 꽃일지나
너의 숨어있는 인내와 용기를 다하여 날개를 펴라

물이 아닌 꽃
물같이 엷은 날개를 펴며

너의 무게를 안고 날아가려는 듯

네가 끊을 수 있는 것은 오직 생사의 線條뿐
그러나 그 비애에 찬 선조도 하나가 아니기에
너는 다시 부끄러움과 주저를 품고 숨가빠하는가

결합된 색깔은 모두가 엷은 것이지만
설움이 힘찬 미소와 더불어 관용과 자비로 통하는 곳에서
네가 사는 엷은 세계는 자유로운 것이기에
생기와 신중을 한몸에 지니고

사실은 벌써 멸하여 있을 너의 꽃잎 우에
이중의 봉오리를 맺고 날개를 펴고
죽음 우에 죽음 우에 죽음을 거듭하리
　九羅重花

나의 가족

고색이 창연한 우리집에도
어느덧 물결과 바람이
신선한 기운을 가지고 쏟아져 들어왔다

이렇게 많은 식구들이
아침이면 눈을 부비고 나가서
저녁에 들어올 때마다
먼지처럼 인색하게 묻혀가지고 들어온 것

얼마나 장구한 세월이 흘러갔던가
파도처럼 옆으로
혹은 세대를 가리키는 지층의 단면처럼 억세고도 아름다운 색깔——

누구 한 사람의 입김이 아니라
모든 가족의 입김이 합치어진 것
그것은 저 넓은 문창호의 수많은
틈 사이로 흘러들어오는 겨울바람보다도 나의 눈을 밝게 한다

조용하고 늠름한 불빛 아래
가족들이 저마다 떠드는 소리도
귀에 거슬리지 않는 것은
내가 그들에게 全靈을 맡긴 탓인가
내가 지금 순한 고개를 숙이고
온 마음을 다하여 즐기고 있는 서책은
위대한 고대 조각의 사진

그렇지만
구차한 나의 머리에
성스러운 향수와 우주의 위대감을 담아주는 삽시간의 자극을
나의 가족들의 기미 많은 얼굴에 비해보아서는 아니 될 것이다

제각각 자기 생각에 빠져 있으면서
그래도 조금이나 부자연한 곳이 없는
이 가족의 조화와 통일을
나는 무엇이라고 불러야 할 것이냐

차라리 위대한 것을 바라지 말았으면
유순한 가족들이 모여서
죄없는 말을 주고받는
좁아도 좋고 넓어도 좋은 방안에서
나의 위대의 소재를 생각하고 더듬어보고 짚어보지 않았으면

거칠기 짝이 없는 우리 집안의
한없이 순하고 아득한 바람과 물결 ——
이것이 사랑이냐
낡아도 좋은 것은 사랑뿐이냐

거미

내가 으스러지게 설움에 몸을 태우는 것은 내가 바라는 것이 있기 때문이다.

그러나 나는 그 으스러진 설움의 풍경마저 싫어진다.

나는 너무나 자주 설움과 입을 맞추었기 때문에
가을바람에 늙어가는 거미처럼 몸이 까맣게 타버렸다.

헬리콥터

사람이란 사람이 모두 고민하고 있는
어두운 대지를 차고 이륙하는 것이
이다지도 힘이 들지 않는다는 것을 처음 깨달은 것은
우매한 나라의 어린 시인들이었다
헬리콥터가 풍선보다도 가벼웁게 상승하는 것을 보고
놀랄 수 있는 사람은 설움을 아는 사람이지만
또한 이것을 보고 놀라지 않는 것도 설움을 아는 사람일 것이다
그들은 너무나 오랫동안 자기의 말을 잊고
남의 말을 해왔으며
그것도 간신히 더듬는 목소리로밖에는 못해왔기 때문이다
설움이 설움을 먹었던 시절이 있었다
이러한 젊은시절보다도 더 젊은 것이
헬리콥터의 영원한 생리이다

1950년 7월 이후에 헬리콥터는
이 나라의 비좁은 산맥 위에 자태를 보이었고
이것이 처음 탄생한 것은 물론 그 이전이지만

그래도 제트기나 카고보다는 늦게 나왔다
그렇지만 린드버그가 헬리콥터를 타고서
대서양을 횡단하지 않았기 때문에
우리는 지금 동양의 풍자를 그의 기체 안에 느끼고야 만다
비애의 수직선을 그리면서 날아가는 그의 설운 모양을
우리는 좁은 뜰안에서뿐만 아니라
심지어는 항아리 속에서부터라도 내어다볼 수 있고
이러한 우리의 순수한 치정을
헬리콥터에서도 내려다볼 수 있을 것을 짐작하기 때문에
〈헬리콥터여 너는 설운 동물이다〉

—— 자유
—— 비애

더 넓은 전망이 필요없는 이 무제한의 시간 우에서
산도 없고 바다도 없고 진흙도 없고 진창도 없고 미련도 없이
앙상한 육체의 투명한 골격과 세포와 신경과 안구까지

모조리 노출 낙하시켜가면서
　안개처럼 가벼웁게 날아가는 과감한 너의 의사 속에는
　남을 보기 전에 네 자신을 먼저 보이는
　긍지와 선의가 있다
　너의 조상들이 우리의 조상과 함께
　손을 잡고 초동물 세계 속에서 영위하던
　자유의 정신의 아름다운 원형을
　너는 또한 우리가 발견하고 규정하기 전에 갖고 있었
으며
　오늘에 네가 전하는 자유의 마지막 파편에
　스스로 겸손의 침묵을 지켜가며 울고 있는 것이다

거리 2

돈을 버는 거리의 부인이여
잠시 눈살을 펴고
눈에서는 독기를 빼고
자유로운 자세를 취해보아라

여기는 서울 안에서도 가장 번잡한 거리의 한 모퉁이
나는 오늘 세상에 처음 나온 사람모양으로 쾌활하다
피곤을 잊어버리게 하는 밝은 태양 밑에는
모든 사람에게 불가능한 일이 없는 듯하다
나폴레옹만한 호기는 없어도
나는 거리의 운명을 보고
달콤한 마음에 싸여서
어디로 가야 할지 모르는 마음——
무한히 망설이는 이 마음은 어둠과 절망의 어제를 위하여
사는 것이 아니고
너무나 기쁜 이 마음은 무슨 까닭인지 알 수는 없지만
확실히 어리석음에서 나오는 것은 아닐 텐데
——극장이여

나도 지난날에는 배우를 꿈꾸고 살던 때가 있었단다

무수한 웃음과 벅찬 감격이여 소생하여라
거리에 굴러다니는 보잘것없는 설움이여
진시황만큼은 강하지 않아도
나는 모든 사람의 고민을 아는 것같다
어두운 도서관 깊은 방에서 육중한 백과사전을 농락하는 학자처럼
나는 그네들의 고민에 대하여만은 투철한 자신이 있다

지프차를 타고 가는 어느 젊은사람이
유쾌한 표정으로 활발하게 길을 건너가는 나에게
인사를 한다
옛날의 동창생인가 하고 고개를 기웃거려보았으나
그는 그 사람이 아니라
○○부의 어마어마한 자리에 앉은 과장이며 명사이다

사막의 한 끝을 찾아가는 먼 나라의 외국사람처럼 나는 어디로 가야 할지 모르겠다

지금은 이 번잡한 현실 우에 하나하나 환상을 붙여서 보지 않아도 좋다
　꺼먼 얼굴이며 노란 얼굴이며 찌그러진 얼굴이며가 모두 환상과 현실의 중간에 서서 있기에
　나는 식인종같이 잔인한 탐욕과 강렬한 의욕으로 그 중의 하나하나를 일일이 뚫어져라 하고 들여다보는 것이지만
　나의 마음은 달과 바람 모양으로 서늘하다

　그네, 마지막으로
　돈을 버는 거리의 부인이여
　잠시 눈살을 펴고
　찌그러진 입술을 펴라
　그네의 얼굴이 나의 눈앞에서
　어린아이들이 가지고 노는 도르라미모양으로 세찬 바람에 매암을 돌기 전에

　도회의 흑점 ──
　오늘은 그것을 운운할 날이 아니다

나는 오늘 세상에 처음 나온 사람모양으로 쾌활하다
　——코에서 나오는 쇠냄새가 그리웁다
　내가 잠겨있는 정신의 초점은 감상과 향수가 아닐 것
이다
　정적이 나의 가슴에 있고
　부드러움이 바로 내가 따라가는 것인 이상
　나의 긍지는 애드벌룬보다는 좀더 무거울 것이며
　예지는 어느 연통보다도 훨씬 뾰족하고 날카로울 것이다

　암흑과 맞닿는 나의 생명이여
　거리의 생명이여
　거만과 오만을 잊어버리고
　밝은 대낮에라도 겸손하게 지내는 묘리를 배우자

　여기는 좁은 서울에서도 가장 번거로운 거리의 한 모
퉁이
　우울 대신에 수많은 기폭을 흔드는 쾌활
　잊어버린 수많은 시편을 밟고 가는 길가에
　영광의 집들이여 점포여 역사여

바람은 면도날처럼 날카롭건만
어디까지 명랑한 나의 마음이냐
구두여 양복이여 노점상이여
인쇄소여 입장권이여 부채여 여인이여
그리고 여인 중에도 가장 아름다운 그네여
돈을 버는 거리의 부인들의 어색한 모습이여

구름의 파수병

만약에 나라는 사람을 유심히 들여다본다고 하자
그러면 나는 내가 시와는 반역된 생활을 하고 있다는 것을 알 것이다

먼 산정에 서 있는 마음으로 나의 자식과 나의 아내와
그 주위에 놓인 잡스러운 물건들을 본다

그리고
나는 이미 정해진 물체만을 보기로 결심하고 있는데
만약에 또 어느 나의 친구가 와서 나의 꿈을 깨워주고
나의 그릇됨을 꾸짖어주어도 좋다

함부로 흘리는 피가 싫어서
이다지 낡아빠진 생활을 하는 것은 아니리라
먼지 낀 잡초 위에 잠자는 구름이여
고생도 마음대로 할 수 없는 세상에서는
철늦은 거미같이 존재없이 살기도 어려운 일

방 두 칸과 마루 한 칸과 말쑥한 부엌과 애처로운 처

를 거느리고
   외양만이라도 남들같이 살아간다는 것이 이다지도 쑥스러울 수가 있을까

   시를 배반하고 사는 마음이여
   자기의 나체를 더듬어보고 살펴볼 수 없는 시인처럼 비참한 사람이 또 어디 있을까
   거리에 나와서 집을 보고 집에 앉아서 거리를 그리던 어리석음도 이제는 모두 사라졌나보다
   날아간 제비와 같이

   날아간 제비와 같이 자국도 꿈도 없이
   어디로인지 알 수 없으나
   어디로든 가야 할 반역의 정신

   나는 지금 산정에 있다——
   시를 반역한 죄로
   이 메마른 산정에서 오랫동안 꿈도 없이 바라보아야 할 구름
   그리고 그 구름의 파수병인 나.

여름 뜰

무엇 때문에 부자유한 생활을 하고 있으며
무엇 때문에 자유스러운 생활을 피하고 있느냐
여름 뜰이여
나의 눈만이 혼자서 볼 수 있는 주름살이 있다 굴곡이 있다
모오든 언어가 시에로 통할 때
나는 바로 일순간 전의 대담성을 잊어버리고
젖 먹는 아이와 같이 이지러진 얼굴로
여름 뜰이여
너의 광대한 손을 본다

〈조심하여라! 자중하여라! 무서워할 줄 알아라!〉하는 억만의 소리가 비 오듯 나리는 여름 뜰을 보면서
합리와 비합리와의 사이에 묵연히 앉아있는
나의 표정에는 무엇인지 우스웁고 간지럽고 서먹하고 쓰디쓴 것마저 섞여있다
그것은 둔한 머리에 움직이지 않는 사념일 것이다

무엇 때문에 부자유한 생활을 하고 있으며
무엇 때문에 자유스러운 생활을 피하고 있느냐

여름 뜰이여
크레인의 강철보다 더 강한 익어가는 황금빛을 꺾기 위하여
너의 뜰을 달려가는 조고마한 동물이라도 있다면
여름 뜰이여
나는 너에게 희생할 것을 준비하고 있노라

질서와 무질서와의 사이에
움직이는 나의 생활은
섧지가 않아 시체나 다름없는 것이다

여름 뜰을 흘겨보지 않을 것이다
여름 뜰을 밟아서도 아니 될 것이다
묵연히 묵연히
그러나 속지 않고 보고 있을 것이다

白蟻

　내가 비로소 여유를 갖게 된 것은
　거리에서와 마찬가지로 집안에 있어서도 저 무시무시한 白蟻를 보기 시작한 때부터이었다
　白蟻는 자동식 문명의 천재이었기 때문에 그의 소유주에게는
　一言의 약속도 없이 제가 갈 길을 자유자재로 찾아다니었다
　그는 나같이 몸이 약하지 않은 점에 주요한 원인이 있겠지만
　雷神보다 더 사나웁게 사람들을 울리고
　뮤즈보다도 더 부드러웁게 사람들의 상처를 쓰다듬어 준다
　질책의 권리를 주면서 질책의 행동을 주지 않고
　어떤 나라의 지폐보다도 신용은 있으나
　신체가 너무 왜소한 까닭에 사람들의 눈에 띄지를 않는다
　고대 형이상학자들은 그를 보고 〈양극의 합치〉라든가 혹은 〈거대한 희열〉이라고 부르고 있었지만
　19세기 시인들은 그를 보고 〈도피의 왕자〉 혹은 단순

히 〈여유〉라고 불렀다
  그는 남미의 어느 면공업자의 서자로 태어나서
  나이아가라 강변에서 隧道工事에 挺身하고 있었다 하며
  그의 모친은 희랍인이라고 한다
  兩眼이 모두 담홍색을 하고 있는 것으로 보아
  그가 오랜 세월을 암야 속에서 살고 있었던 것만은 확실하다고 나는 생각한다
  나의 맏누이동생이 그를 「하니」라고 부르고 있는 것이 아니꼬워서
  내가 어느날 그에게 〈魔神〉이라는 별명을 붙였더니
  그는 대뜸
  「오빠는 어머니보다도 더 완고하다」고 하면서
  나를 도리어 꾸짖는 척한다
  (그가 나를 진심으로 꾸짖지 않았다는 것을 나는 그의 은근하고 매혹적인 표정에서 능히 감득할 수 있었다)
   ──비참한 것은 白蟻이다
  그는 한국에 수입되어가지고 완전한 고아가 되었고
  거리에 흩어진 월간 대중잡지 위에 매월 그의 사진이 게재되어왔을 뿐만 아니라

어느 삼류신문의 사회면에는 간혹 그의 구제금 응모기사같은 것이 나오고 있다
나는 이러한 사진과 기사를 볼 때마다
이것은 〈아틀랜틱〉과 〈하아파스〉의 광고부의 分室이 나타났다고
이곳 저널리스트들의 역습의 묘리에 감탄하고 있었는데
白蟻는 이와같은 나의 안심과 태만을 비웃는 듯이
어느 틈에 우리 가정의 내부에까지 침입하여 들어와서
신심 양면의 허약증으로 신음하고 있는 나를 독촉하여
「희랍인을 모친으로 가진 미국인에게 대한 호소문」과
「정신상으로 본 희랍의 독립선언서」를 써서
전자를 현재 일리노이주에 있는 자기의 모친에게 보내고
후자는 희랍 국립박물관장에게 보내달라고 한다
이러한 그의 무리한 요청에 대하여 나는 하는 수 없이
「그것은 나의 역량 이상의 것이므로 신세계극단의 연출자 S씨를 찾아가 보라」고
터무니없는 거짓말을 하여가지고 즉석에 거절하여버렸다

오히려 이와같은 나의 경멸과 剛毅로 인하여
나는 그날부터 그를 진심으로 사랑하게 되었다
그러나 바로 어저께 내가 오래간만에 거리에 나가니
나의 친구들은 모조리 나를 회피하는 눈치이었다
그중의 어느 시인은 다음과 같이 나에게 욕을 하였다
「더러운 자식 너는 白蟻와 간통하였다지? 너는 오늘부터 시인이 아니다……」
—— 白蟻의 비극은 그가 현대의 경제학을 등한히 하였을 때에서부터 시작되었던 것이다

병풍

병풍은 무엇에서부터라도 나를 끊어준다
등지고 있는 얼굴이여
주검에 취한 사람처럼 멋없이 서서
병풍은 무엇을 향하여서도 무관심하다
주검의 전면같은 너의 얼굴 위에
龍이 있고 落日이 있다
무엇보다도 먼저 끊어야 할 것이 설움이라고 하면서
병풍은 허위의 높이보다도 더 높은 곳에
飛瀑을 놓고 幽島를 점지한다
가장 어려운 곳에 놓여있는 병풍은
내 앞에 서서 주검을 가지고 주검을 막고 있다
나는 병풍을 바라보고
달은 나의 등뒤에서 병풍의 주인 六七翁海士의 인장을
비추어주는 것이었다

눈

눈은 살아있다
떨어진 눈은 살아있다
마당 위에 떨어진 눈은 살아있다

기침을 하자
젊은 시인이여 기침을 하자
눈 위에 대고 기침을 하자
눈더러 보라고 마음놓고 마음놓고
기침을 하자

눈은 살아있다
죽음을 잊어버린 영혼과 육체를 위하여
눈은 새벽이 지나도록 살아있다

기침을 하자
젊은 시인이여 기침을 하자
눈을 바라보며
밤새도록 고인 가슴의 가래라도
마음껏 뱉자

폭포

폭포는 곧은 절벽을 무서운 기색도 없이 떨어진다

규정할 수 없는 물결이
무엇을 향하여 떨어진다는 의미도 없이
계절과 주야를 가리지 않고
고매한 정신처럼 쉴 사이 없이 떨어진다

금잔화도 인가도 보이지 않는 밤이 되면
폭포는 곧은 소리를 내며 떨어진다

곧은 소리는 소리이다
곧은 소리는 곧은
소리를 부른다

번개와 같이 떨어지는 물방울은
취할 순간조차 마음에 주지 않고
나태와 안정을 뒤집어놓은 듯이
높이도 폭도 없이
떨어진다

서시

나는 너무나 많은 첨단의 노래만을 불러왔다
나는 정지의 미에 너무나 등한하였다
나무여 영혼이여
가벼운 참새같이 나는 잠시 너의
흉하지 않은 가지 위에 피곤한 몸을 앉힌다
성장은 소크라테스 이후의 모든 현인들이 해온 일
정리는
전란에 시달린 20세기 시인들이 해놓은 일
그래도 나무는 자라고 있다 영혼은
그리고 교훈은 명령은
나는
아직도 명령의 과잉을 용서할 수 없는 시대이지만
이 시대는 아직도 명령의 과잉을 요구하는 밤이다
나는 그러한 밤에는 부엉이의 노래를 부를 줄도 안다

지지한 노래를
더러운 노래를 생기없는 노래를
아아 하나의 명령을

死靈

……활자는 반짝거리면서 하늘 아래에서
간간이
자유를 말하는데
나의 靈은 죽어있는 것이 아니냐

벗이여
그대의 말을 고개 숙이고 듣는 것이
그대는 마음에 들지 않겠지
마음에 들지 않아라

모두 다 마음에 들지 않아라
이 황혼도 저 돌벽 아래 잡초도
담장의 푸른 페인트 빛도
저 고요함도 이 고요함도

그대의 정의도 우리들의 섬세도
행동의 죽음에서 나오는
이 욕된 교외에서는
어제도 오늘도 내일도 마음에 들지 않아라

그대는 반짝거리면서 하늘 아래에서
간간이
자유를 말하는데
우스워라 나의 영은 죽어있는 것이 아니냐

가옥찬가

무더운 자연 속에서
검은 손과 발에 마구 상처를 입고 와서
병든 사자처럼
벌거벗고 지내는
나는 여름

석간에 폭풍경보를 보고
배를 타고 가는 사람을
습관에서가 아니라 염려하고
삼년 전에 심은 버드나무의 악마같은
그림자가 뿜는 아우성소리를 들으며

집과 문명을 새삼스럽게
즐거워하고 또 비판한다

하얗게 마른 마루틈 사이에서
들어오는 바람에서
느끼는 투지와 애정은 젊다

자연을 보지 않고 자연을 사랑하라
牧歌가 여기 있다고 외쳐라
폭풍의 목가가 여기 있다고 외쳐라

목사여 정치가여 상인이여 노동자여
실직자여 방랑자여
그리고 나와같은 집없는 걸인이여
집이 여기에 있다고 외쳐라

하얗게 마른 마루틈 사이에서
검은 바람이 들어온다고 외쳐라
너의 머리 위에
너의 몸을 반쯤 가려주는 길고
멋진 양철 차양이 있다고 외쳐라

말복

시냇물소리 푸르고 희고 잔잔한 물소리
숲과 숲 사이의 하늘을 향해서
우는 매미
흙빛 매미여
달팽이는 닭이 먹고
구데기 바람에 우는 소리 나면

물소리는 먼 하늘을 찢고 달아난다
바람이 바람을 쫓고 생명을 쫓는다
강아지풀 사이에 가지는 익고
인가 사이에서 기적처럼 자라는 무성한 버드나무
연녹색,
하늘의 빛보다도 분간 못할 놈……

버드나무 발아래의 나팔꽃도 그렇다
앙상한 연분홍,
오므라질 때는 무궁화는 그보다 조금쯤 더 길고
진한 빛,
죽음의 빛인지도 모르는 놈……

*

거역하라, 거역하라……
가을이 오기 전에는
내 팔은 좀체로 제대로 길이를 갖지 못하고

그래도 햇빛을 가리킨다

풀잎 끝에서 일어나듯이
태양은 자기가 내린 것을 거둬들이는데
시들은 자죽을 남기지만 도처에서
도처에서
즉결하는 영혼이여
완전한 놈……
구름 끝에 혀를 대는 잎사귀처럼
몸을 떨며
귀 기울이려 할 때
그 무수한 말 중의 제일 첫마디는
「나는 졌노라……」

*

자연은 〈여행〉을 하지 않는다

*

그러나 오늘은 말복도 다 아니 갔으며
밤에는 물고기가 물 밖으로
달빛을 때리러 나온다

영원한 한숨이여

파리와 더불어

多病한 나에게는
파리도 이미 어제의 파리는 아니다

이미 오래전에 일과를 전폐해야 할
문명이
오늘도 또 나를 이렇게 괴롭힌다

싸늘한 가을 바람소리에
전통은
새처럼 겨우 나무 그늘같은 곳에
정처를 찾았나보다

병을 생각하는 것은
병에 매어달리는 것은
필경 내가 아직 건강한 사람이기 때문이리라
거대한 비애를 갖고 있는 사람이기 때문이리라
거대한 여유를 갖고 있는 사람이기 때문이리라

저 광막한 양지 쪽에 반짝거리는

파리의 소리없는 소리처럼
나는 죽어가는 법을 알고 있는 사람이기 때문이리라

하…… 그림자가 없다

우리들의 적은 늠름하지 않다
우리들의 적은 커크 더글러스나 리처드 위드마크 모양
으로 사나웁지도 않다
그들은 조금도 사나운 악한이 아니다
그들은 선량하기까지도 하다
그들은 민주주의자를 가장하고
자기들이 양민이라고도 하고
자기들이 선량이라고도 하고
자기들이 회사원이라고도 하고
전차를 타고 자동차를 타고
요릿집엘 들어가고
술을 마시고 웃고 잡담하고
동정하고 진지한 얼굴을 하고
바쁘다고 서두르면서 일도 하고
원고도 쓰고 치부도 하고
시골에도 있고 해변가에도 있고
서울에도 있고 산보도 하고
영화관에도 가고
애교도 있다

그들은 말하자면 우리들의 곁에 있다

우리들의 전선은 눈에 보이지 않는다
그것이 우리들의 싸움을 이다지도 어려운 것으로 만든다
우리들의 전선은 당게르크도 노르망디도 연희고지도
아니다
우리들의 전선은 지도책 속에는 없다
그것은 우리들의 집안인 경우도 있고
우리들의 직장인 경우도 있고
우리들의 동리인 경우도 있지만……
보이지는 않는다

우리들의 싸움의 모습은 초토작전이나
「건 힐의 혈투」모양으로 활발하지도 않고 보기좋은 것
도 아니다
그러나 우리들은 언제나 싸우고 있다
아침에도 낮에도 밤에도 밥을 먹을 때에도
거리를 걸을 때도 환담할 때도
장사를 할 때도 토목공사를 할 때도

여행을 할 때도 울 때도 웃을 때도
풋나물을 먹을 때도
시장에 가서 비린 생선냄새를 맡을 때도
배가 부를 때도 목이 마를 때도
연애를 할 때도 졸음이 올 때도 꿈속에서도
깨어나서도 또 깨어나서도 또 깨어나서도……
수업을 할 때도 퇴근시에도
사이렌소리에 시계를 맞출 때도 구두를 닦을 때도……
우리들의 싸움은 쉬지 않는다

우리들의 싸움은 하늘과 땅 사이에 가득 차있다
민주주의의 싸움이니까 싸우는 방법도 민주주의식으로 싸워야 한다
하늘에 그림자가 없듯이 민주주의의 싸움에도 그림자가 없다
하…… 그림자가 없다

하…… 그렇다……
하…… 그렇지……

아암 그렇구 말구…… 그렇지 그래……
응응…… 응…… 뭐?
아 그래…… 그래 그래.

푸른 하늘을

푸른 하늘을 제압하는
노고지리가 자유로웠다고
부러워하던
어느 시인의 말은 수정되어야 한다

자유를 위해서
비상하여본 일이 있는
사람이면 알지
노고지리가
무엇을 보고
노래하는가를
어째서 자유에는
피의 냄새가 섞여있는가를
혁명은
왜 고독한 것인가를

혁명은
왜 고독해야 하는 것인가를

거미잡이

폴리호 태풍이 일기 시작하는 여름밤에
아내가 마루에서 거미를 잡고 있는
꼴이 우습다

하나 죽이고
둘 죽이고
넷 죽이고
……

야 고만 죽여라 고만 죽여
나는 오늘 아침에 서약한 게 있다니까
남편은 어제의 남편이 아니라니까
정말 어제의 네 남편이 아니라니까

피곤한 하루의 나머지 시간

피곤한 하루의 나머지 시간이 눈을 깜짝거린다
세계는 그러한 무수한 間斷

오오 사랑이 추방을 당하는 시간이 바로 이때이다
내가 나의 밖으로 나가는 것처럼

눈을 가늘게 뜨고 산이 있거든 불러보라
나의 머리는 관악기처럼
우주의 안개를 빨아올리다 만다

그 방을 생각하며

혁명은 안되고 나는 방만 바꾸어버렸다
그 방의 벽에는 싸우라 싸우라 싸우라는 말이
헛소리처럼 아직도 어둠을 지키고 있을 것이다

나는 모든 노래를 그 방에 함께 남기고 왔을 게다
그렇듯 이제 나의 가슴은 이유없이 메말랐다
그 방의 벽은 나의 가슴이고 나의 사지일까
일하라 일하라 일하라는 말이
헛소리처럼 아직도 나의 가슴을 울리고 있지만
나는 그 노래도 그전의 노래도 함께 다 잊어버리고 말았다

혁명은 안되고 나는 방만 바꾸어버렸다
나는 인제 녹슨 펜과 뼈와 광기 ——
실망의 가벼움을 재산으로 삼을 줄 안다
이 가벼움 혹시나 역사일지도 모르는
이 가벼움을 나는 나의 재산으로 삼았다

혁명은 안되고 나는 방만 바꾸었지만

나의 입속에는 달콤한 의지의 잔재 대신에
다시 쓰디쓴 담뱃진 냄새만 되살아났지만

방을 잃고 낙서를 잃고 기대를 잃고
노래를 잃고 가벼움마저 잃어도

이제 나는 무엇인지 모르게 기쁘고
나의 가슴은 이유 없이 풍성하다

사랑

어둠 속에서도 불빛 속에서도 변치 않는
사랑을 배웠다 너로 해서

그러나 너의 얼굴은
어둠에서 불빛으로 넘어가는
그 찰나에 꺼졌다 살아났다
너의 얼굴은 그만큼 불안하다

번개처럼
번개처럼
금이 간 너의 얼굴은

여편네의 방에 와서
—— 新歸去來 1

여편네의 방에 와서 기거를 같이해도
나는 이렇듯 소년처럼 되었다
흥분해도 소년
계산해도 소년
애무해도 소년
어린놈 너야
네가 성을 내지 않게 해주마
네가 무어라 보채더라도
나는 너와 함께 성을 내지 않는 소년

바다의 물결 작년의 나무의 체취
그래 우리 이 盛夏에
온갖 나무의 추억과
물의 체취라도
다해서
어린놈 너야
죽음이 오더라도
이제 성을 내지 않는 법을 배워주마

여편네의 방에 와서 기거를 같이해도
나는 점점 어린애
나는 점점 어린애
태양 아래의 단 하나의 어린애
죽음 아래의 단 하나의 어린애
언덕 아래의 단 하나의 어린애
애정 아래의 단 하나의 어린애
사유 아래의 단 하나의 어린애
間斷 아래의 단 하나의 어린애
點의 어린애
베개의 어린애
고민의 어린애

여편네의 방에 와서 기거를 같이해도
나는 점점 어린애
너를 더 사랑하고
오히려 너를 더 사랑하고
너는 내 눈을 알고
어린놈도 내 눈을 안다

등나무
―― 新歸去來 3

두 줄기로 뻗어 올라가던 놈이
한 줄기가 더 생긴 것이 며칠 전이었나
등나무

밤 사이에 이슬을 마신 놈이
지금 나의 혼을 마신다
무휴의 태만의 혼을 마신다
등나무 등나무 등나무 등나무

얄상한 잎
그것이 이슬을 마셨다고 어찌 신용하랴
나의 혼, 목욕을 중지한 시인의 혼을 마셨다고
염천의 혼을 마셨다고 어찌 신용하랴
등나무? 등나무? 등나무? 등나무?

그의 주위를 몇번이고 돌고 돌고 돌고
또 도는 졸음같은 날개의 날것들과
갑충과 쉬파리떼
그리고 진드기

「엄마 안 가? 엄마 안 가?」
「안 가 엄마! 안 가 엄마! 엄마가 어디를 가니?」
「안 가유?」
「안 가유! 하……」
「으흐흐……」

두 줄기로 뻗어 올라가던 놈이
한 줄기가 더 생긴 것이 며칠 전이었나
난간 아래 등나무
넝쿨장미 위의 등나무
등꽃 위의 등나무
우물 옆의 등나무
우물 옆의 등꽃과 활련
그리고 철자법을 틀린 시
철자법을 틀린 인생
이슬, 이슬의 합창이다

등나무여 지휘하라 부끄러움 고만 타고
이제는 지휘하라 이카로스의 날개처럼

쑥잎보다 훨씬 얇은
너의 잎은 지휘하라
베적삼, 옥양목, 데그롱, 인조견, 항라,
모시치마 냄새 난다 냄새 난다
냄새여 지휘하라
연기여 지휘하라
등나무 등나무 등나무 등나무

우물이 말을 한다
어제의 말을 한다
「똥, 땡, 똥, 땡, 찡, 찡, 찡……」
「엄마 안 가?」
「엄마 안 가?」
「엄마 가?」
「엄마 가?」

등나무 등나무 등나무 등나무
「야, 영희야, 메리의 밥을 아무거나 주지 마라,
밥통을 좀 부셔주지 ?!」

등나무? 등나무? 등나무? 등나무?
「아이스 캔디! 아이스 캔디!」
「꼬오, 꼬, 꼬, 꼬, 꼬오, 꼬, 꼬, 꼬, 꼬」
두 줄기로 뻗어 올라가던 놈이
한 줄기가 더 생긴 것이 며칠 전이었나

모르지?
───新歸去來 5

이태백이가 술을 마시고야 詩作을 한 이유,
모르지?
구차한 문밖 선비가 벽장 문 옆에다
카잘스, 그람, 슈바이처,˙ 에프스타인의 사진을 붙이고 있는 이유,
모르지?
노년에 든 로버트 그레브스가 연애시를 쓰는 이유,
모르지?
우리집 식모가 여편네가 외출만 하면
나한테 자꾸 웃고만 있는 이유,
모르지?
그럴 때면 바람에 떨어진 빨래를 보고
내가 말없이 집어 걸기만 하는 이유,
모르지?
함경도 친구와 경상도 친구가 외국인처럼 생각돼서
술집에서는 반드시 표준어만 쓰는 이유,
모르지?
오월혁명 이전에는 백양을 피우다
그후부터는

아리랑을 피우고
와이셔츠 윗호주머니에는 한사코 색수건을 꽂아뵈는 이유,
모르지?
아무리 더워도 베 와이셔츠의 에리를
안쪽으로 접어넣지 않는 이유,
모르지?
아무리 혼자 있어도 베 와이셔츠의 에리를
안쪽으로 접어넣지 않는 이유,
모르지?
술이 거나해서 아무리 졸려도
의젓한 포즈는
의젓한 포즈는 취하고 있는 이유,
모르지?
모르지?

누이야 장하고나!
―― 新歸去來 7

누이야
풍자가 아니면 해탈이다
너는 이 말의 뜻을 아느냐
너의 방에 걸어놓은 오빠의 사진
나에게는 〈동생의 사진〉을 보고도
나는 몇번이고 그의 진혼가를 피해왔다
그전에 돌아간 아버지의 진혼가가 우스꽝스러웠던 것을 생각하고
그래서 나는 그 사진을 10년 만에 곰곰이 정시하면서
이내 거북해서 너의 방을 뛰쳐나오고 말았다
10년이란 한 사람이 준 상처를 다스리기에는 너무나 짧은 세월이다

누이야
풍자가 아니면 해탈이다
네가 그렇고
내가 그렇고
네가 아니면 내가 그렇다
우스운 것이 사람의 죽음이다

우스워하지 않고서 생각할 수 없는 것이 사람의 죽음
이다
8월의 하늘은 높다
높다는 것도 이렇게 웃음을 자아낸다

누이야
나는 분명히 그의 앞에 절을 했노라
그의 앞에 엎드렸노라
모르는 것 앞에는 엎드리는 것이
모르는 것 앞에는 무조건 하고 숭배하는 것이
나의 습관이니까
동생뿐이 아니라
그의 죽음뿐이 아니라
혹은 그의 실종뿐이 아니라
그를 생각하는
그를 생각할 수 있는
너까지도 다 함께 숭배하고 마는 것이
숭배할 줄 아는 것이
나의 인내이니까

「누이야 장하고나!」
나는 쾌활한 마음으로 말할 수 있다
이 광대한 여름날의 착잡한 숲속에
홀로 서서
나는 돌풍처럼 너한테 말할 수 있다
모든 산봉우리를 걸쳐온 돌풍처럼
당돌하고 시원하게
도회에서 달아나온 나는 말할 수 있다
「누이야 장하고나!」

먼 곳에서부터

먼 곳에서부터
먼 곳으로
다시 몸이 아프다

조용한 봄에서부터
조용한 봄으로
다시 내 몸이 아프다

여자에게서부터
여자에게로

능금꽃으로부터
능금꽃으로……

나도 모르는 사이에
내 몸이 아프다

詩

어서 일을 해요 변화는 끝났소
어서 일을 해요
미지근한 물이 고인 조고마한 논과
대숲 속의 초가집과
나무로 만든 장기와
게으르게 움직이는 물소와
(아니 물소는 호남지방에서는 못 보았는데)
덜컥거리는 수레와

어서 또 일을 해요 변화는 끝났소
편지봉투 모양으로 누렇게 결은
시간과 땅
수레를 털털거리게 하는 욕심의 돌
기름을 주라
어서 기름을 주라
털털거리는 수레에다는 기름을 주라
욕심은 끝났어
논도 얼어붙고
대숲 사이로 침입하는 무자비한 푸른 하늘

쉬었다 가든 거꾸로 가든 모로 가든
어서 또 가요 기름을 발랐으니 어서 또 가요
타마구를 발랐으니 어서 또 가요
미친놈뽄으로 어서 또 가요 변화는 끝났어요
어서 또 가요
실같은 바람 따라 어서 또 가요

더러운 일기는 찢어버려도
짜장 재주를 부릴 줄 아는 나이와 詩
배짱도 생겨가는 나이와 시
정말 무서운 나이와 시는
동그랗게 되어가는 나이와 시
사전을 보면 쓰는 나이와 시
사전이 시같은 나이의 시
사전이 앞을 가는 변화의 시
감기가 가도 감기가 가도
줄곧 앞을 가는 사전의 시
시.

적

더운 날
敵이란 해면같다
나의 양심과 독기를 빨아먹는
문어발같다

흡반같은 나의 대문의 명패보다도
정체없는 놈
더운 날
눈이 꺼지듯 적이 꺼진다

金海東────그놈은 항상 약삭빠른 놈이지만 언제나
부하를 사랑했다
鄭炳─────그놈은 내심과 정반대되는 행동만을
해왔고, 그것은 가족들을 먹여 살리기 위해서였다
더운 날
적을 運算하고 있으면
아무데에도 적은 없고

시금치 밭에 앉는 흑나비와 주홍나비 모양으로

나의 과거와 미래가 숨바꼭질만 한다
「적이 어디에 있느냐?」
「적은 꼭 있어야 하느냐?」

순사와 땅주인에서부터 과속을 범하는 운전수에까지
나의 적은 아직도 늘비하지만
어제의 적은 없고
더운 날처럼 어제의 적은 없고
더워진 날처럼 어제의 적은 없고

마케팅

비니루, 파리통,
그리고 또 무엇이던가?
아무튼 구질구례한 생활필수품
오 주사기
2cc짜리 국산슈빙지
그리고 또 무엇이던가?
오이, 고춧가루, 후춧가루는 너무나 창피하니까
고만두고라도
그중에 좀 점잖은 품목으로 또 있었는데
아이구 무어던가?
오 도배지 천장지 茶色, 백색, 청색의 모란꽃이
다색의 主色 위에 탐스럽게 피어있는 천장지
아니 그건 천장지가 아냐(벽지지!)
천장지는 푸른 바탕에
아니 흰 바탕에
엇걸린 벽돌처럼 빌딩 창문처럼
바로 그런 무늬겠다
아냐 틀렸다
벽지가 아니라

아냐 틀렸다
그건 천장지가 아니라
벽지이겠다
더 사오라는 건 벽지이겠다
그러니까 모란이다 모란이다 모란 모란……

그리고 또하나 있는 것같다
주요한 본론이 네 개는 있었다
비니루, 파리통, 도배지……?
주요한 본론이 네 항목은 있는 것같다
네 항목 네 항목 네 항목……(면도날!)

長詩 1

겨자씨같이 조그맣게 살면 돼
복숭아가지나 아가위가지에 앉은
배부른 흰 새 모양으로
잠깐 앉았다가 떨어지면 돼
연기나는 속으로 떨어지면 돼
구겨진 휴지처럼 노래하면 돼

가정을 알려면 돈을 떼여보면 돼
숲을 알려면 땅벌에 물려보면 돼
잔소리 날 때는 슬쩍 피하면 돼
──債鬼가 올 때도──
버스를 피해서 길을 건너서는 어린놈처럼
선뜻 큰길을 건너서면 돼
長詩만 장시만 안 쓰려면 돼

*

오징어발에 말라붙은 새처럼 꼬리만 치지 않으면 돼
입만 반드르르하게 닦아놓으면 돼
아버지 할머니 고조할아버지 때부터

어물전 좌판 밑바닥에서 절어있던 것이면 돼
유선 합승자동차에도 양계장에도 납공장에도
미곡 창고 지붕에도 달려있는
썩은 공기 나가는 지붕 위의 지붕만 있으면 돼
〈돼〉가 긍정에서 의문으로 돌아갔다
의문에서 긍정으로 또 돌아오면 돼
이것이 몇 바퀴만 넌지시 돌면 돼
해바라기 머리같이 돌면 돼

깨꽃이나 샐비어나 마찬가지 아니냐
내일의 債鬼를
죽은 뒤의 채귀를 걱정하는
장시만 장시만 안 쓰려면 돼
샐비어 씨는 빨갛지 않으니까
장시만 장시만 안 쓰려면 돼
영원만 영원만 고민하지 않으면 돼
오징어에 말라붙은 새처럼 5월이 와도
9월이 와도 꼬리만 치지 않으면 돼

트럭소리가 나면 돼
　아카시아 잎을 이기는 소리가 방바닥 밑까지 울리면 돼
　라디오 소리도 거리의 풍습대로 기를 쓰고 크게만 틀어놓으면 돼

　겨자씨같이 조그맣게 살면서
　장시만 장시만 안 쓰면 돼
　오징어발에 말라붙은 새처럼 꼬리만 치지 않으면 돼
　트럭소리가 나면 돼
　아카시아 잎을 이기는 소리가 방바닥 밑까지 콩콩 울리면 돼
　흙 묻은 비옷이 24시간 걸려있으면 돼
　정열도 예측 고함도 예측 장시도 예측
　경솔도 예측 봄도 예측 여름도 예측
　범람도 예측 범람은 화려 공포는 화려
　공포와 노인은 동일 공포와 노인과 유아는 동일……
　예측만으로 그치면 돼
　모자라는 영원이 있으면 돼
　채귀가 집으로 돌아가면 돼

성당으로 가듯이
채귀가 어젯밤에 나 없는 사이에 돌아갔으면 돼
장시만 장시만 안 쓰면 돼

피아노

피아노 앞에는 슬픈 사람들이 많이 있다
동계방학 동안 아르바이트를 하는 누이
잡지사에 다니는
영화를 좋아하는 누이
식모살이를 하는 조카
그리고 나

피아노는 밥을 먹을 때도 새벽에도
한밤중에도 울린다
피아노의 주인은 나를 보고
시를 쓰니 음악도 잘 알게 아니냐고
한 곡 쳐보라고 한다
나의 새끼는 피아노 앞에서는 노예
둘째새끼는 왕자다

삭막한 집의 삭막한 방에 놓인 피아노
그 방은 바로 어제 내가 혁명을 기념한 방
오늘은 기름진 피아노가
덩덩 덩덩덩 울리면서

나의 고갈한 비참을 달랜다

벙어리 벙어리 벙어리
식모도 벙어리 나도 벙어리
모든게 중단이다 소리도 사념도 죽어라
중단이다 명령이다
부정기적인 중단
부정기적인 위협
—— 이러면 하루종일
밤의 꿈속에서도
당당한 피아노가 울리게 마련이다
그녀가 새벽부터 부정기적으로
타온 순서대로
또 그 비참대로
값비싼 피아노가 값비싸게 울린다
돈이 울린다 돈이 울린다

플란넬 저고리

낮잠을 자고 나서 들어보면
플란넬 저고리도 훨씬 무거워졌다
거지의 누더기가 될락말락한
저놈은 어제 비를 맞았다
저놈은 나의 노동의 상징
호주머니 속의 소눈깔만한 호주머니에 든
물뿌리와 담배 부스러기의 오랜 친근
윗호주머니나 혹은 속호주머니에 든
치부책 노릇을 하는 종이쪽
그러나 돈은 없다
—— 돈이 없다는 것도 오랜 친근이다
—— 그리고 그 무게는 돈이 없는 무게이기도 하다
또 무엇이 있나 나의 호주머니에는?
연필쪽!
옛날 추억이 든 그러나 일년 내내 한번도 펴본 일이 없는
죽은 기억의 휴지
아무것도 집어넣어 본 일이 없는 왼쪽 안호주머니
—— 여기에는 혹시 휴식의 갈망이 들어있는지도 모

른다
　——휴식의 갈망도 나의 오랜 친근한 친구이다……

여자

여자란 집중된 동물이다
그 이마의 힘줄같이 나에게 설움을 가르쳐준다
전란도 서러웠지만
포로수용소 안은 더 서러웠고
그 안의 여자들은 더 서러웠다
고난이 나를 집중시켰고
이런 집중이 여자의 선천적인 집중도와
기적적으로 마주치게 한 것이 전쟁이라고 생각했다
그런 의미에서 나는 전쟁에 축복을 드렸다

내가 지금 6학년 아이들의 과외공부집에서 만난
학부형회의 어떤 어머니에게 느낀 여자의 감각
그 이마의 힘줄
그 힘줄의 집중도
이것은 죄에서 우러나오는 것이다
여자의 본성은 에고이스트
뱀과 같은 에고이스트
그러니까 뱀은 선천적인 포로인지도 모른다
그런 의미에서 나는 속죄에 축복을 드렸다

돈

나에게 30원이 여유가 생겼다는 것이 대견하다
나도 돈을 만질 수 있다는 것이 대견하다
무수한 돈을 만졌지만 결국은 헛 만진 것
쓸 필요도 없이 한 3, 4일을 나하고 침식을 같이한 돈
── 어린놈을 아귀라고 하지
그 아귀란 놈이 들어오고 나갈 때마다 집어갈 돈
풀방구리를 드나드는 쥐의 돈
그러나 내 돈이 아닌 돈
하여간 바쁨과 한가와 실의와 초조를 나하고 같이한 돈
바쁜 돈 ──
아무도 정시하지 못한 돈 ── 돈의 비밀이 여기 있다

반달

음악을 들으면 차밭의 앞뒤 시간이
가시처럼 생각된다
나비 날개처럼 된 차잎은 아침이면
날개를 펴고 저녁이면 체조라도 하듯이
일제히 쉰다 쉬는 데에도 규율이 있고
탄력이 있다 9월 중순 차나무는 거의
내 키만큼 자라나고 노란 꽃도 이제는
보잘것없이 되었는데도 밭주인은
아직도 나타나 잘라가지 않는다

두 뙈기의 차밭 옆에는 역시 두 뙈기의
채소밭이 있다 김장 무나 배추를 심었을
인습적인 분가루를 칠한 밭 위에
나는 걸핏하면 개똥을 갖다 파묻는다
밭주인이 보면 질색을 할 노릇이지만
이 밭주인은 차밭 주인의 소작인이다
그러나 우리집 여편네는 이것을 모두
자기 밭이라고 한다 멀쩡한 거짓말이다
그러나 이런 거짓말이 필요할 때가 있다

그러나 이런 거짓말을 해도 별로
성과는 없었다 성과가 없을 것을
알고 있기 때문에 나는 여편네의
거짓말에 반대하지 않는다

음악을 들으면 차밭의 앞뒤 시간이
가시처럼 생각된다 그리고 그 가시가
점점 더 똑똑해진다 동산에 걸린
새 달에 비친 나뭇가지처럼
세계를 배경으로 한 나의 사상처럼
죄어든 인생의 윤곽과 비밀처럼……
곡은 무용곡―― 모든 음악은 무용곡이다
오오 폐허의 질서여 수치의 凱歌여
차나무 냄새여 어둠이여 소녀여
휴식의 휴식이여
분명해진 그 가시의 의미여

모든 곡은 눈물이다 어렸을 때 어머니는
나의 얼굴의 사마귀를 떼주었다

입 밑의 사마귀와 눈 밑의 사마귀……
그런 사마귀가 나의 아들놈의 눈 아래에
있는 것을 발견하고 나도 꼭 빼주어야
하겠다고 결심한 일이 있었다 그런데
내 눈 아래에 다시 생긴 사마귀는
구태여 빼지 않을 작정이었다
〈눈물은 나의 장사이니까〉── 오오 눈물의
눈물이여 음악의 음악이여
달아난 음악이여 반달이여
내 눈 아래에 다시 생긴 사마귀는
구태여 빼지 않을 작정이다

우리들의 웃음

나는 아이들을 가르치면서
우리나라가 종교국이라는 것에 대한 자신을 갖는다
절망은 나의 목뼈는 못 자른다 겨우 손마디뼈를
새벽이면 하프처럼 분질러놓고 간다
나의 아들이 머리가 나빠서가 아니다
머리가 나쁜 것은 선생, 어머니, IQ다
그저께 나는 파스칼이 「머리가 나쁜 것은 나」라고 하는 말을 들었다

나는 아이들을 가르치면서
우리나라가 종교국이라는 것에 대한 자신을 갖는다
마당에 서리가 내린 것은 나에게 상상을 그치라는 신호다
그 대신 새벽의 꿈은 구체적이고 선명하다
꿈은 상상이 아니지만 꿈을 그리는 것은 상상이다
술이 상상이 아니지만 술에 취하는 것이 상상인 것처럼
오늘부터는 상상이 나를 상상한다

이제는 선생이 무섭지 않다

모두가 거꾸로다
선생과 나는 아이를 가르치는 것이 아니라 아이들을 가르치고 있기 때문이다
종교와 비종교, 詩와 非詩의 차이가 아이들과 아이의 차이이다
그러니까 종교도 종교 이전에 있다 우리나라가
종교국인 것처럼
새의 울음소리가 그 이전의 정적이 없이는 들리지 않는 것처럼……
모두가 거꾸로다
──태연할 수밖에 없다 웃지 않을 수밖에 없다
조용히 우리들의 웃음을 웃지 않을 수 없다

참음은

참음은 어제를 생각하게 하고
어제의 얼음을 생각하게 하고
새로 확장된 서울특별시 동남단 논두렁에
어는 막막한 얼음을 생각하게 하고
그리고 전근을 한 국민학교 선생을 생각하게 하고
그들이 돌아오는 길에 주막거리에서 쉬는 10분 동안의
지루한 정차를 생각하게 하고
그 주막거리의 이름이 말죽거리라는 것까지도
무료하게 생각하게 하고

奇蹟을 기적으로 울리게 한다
죽은 기적을 산 기적으로 울리게 한다

거대한 뿌리

나는 아직도 앉는 법을 모른다
어쩌다 셋이서 술을 마신다 둘은 한 발을 무릎 위에 얹고
도사리지 않는다 나는 어느새 남쪽식으로
도사리고 앉았다 그럴 때는 이 둘은 반드시
이북친구들이기 때문에 나는 나의 앉음새를 고친다
8·15 후에 김병욱이란 시인은 두 발을 뒤로 꼬고
언제나 일본여자처럼 앉아서 변론을 일삼았지만
그는 일본대학에 다니면서 4년 동안을 제철회사에서
노동을 한 강자다

나는 이사벨 버드 비숍 여사와 연애하고 있다 그녀는
1893년에 조선을 처음 방문한 영국왕립지학협회 회원이다
그녀는 인경전의 종소리가 울리면 장안의
남자들이 사라지고 갑자기 부녀자의 세계로
화하는 극적인 서울을 보았다 이 아름다운 시간에는
남자로서 거리를 무단통행할 수 있는 것은 교군꾼,
내시, 외국인의 종놈, 관리들 뿐이다 그리고

심야에는 여자는 사라지고 남자가 다시 오입을 하러
활보하고 나선다고 이런 기이한 관습을 가진 나라를
세계 다른곳에서는 본 일이 없다고
천하를 호령한 민비는 한번도 장안외출을 하지 못했다
고……

전통은 아무리 더러운 전통이라도 좋다 나는 광화문
네거리에서 시구문 진창을 연상하고 寅煥네
처갓집 옆의 지금은 매립한 개울에서 아낙네들이
양잿물 솥에 불을 지피며 빨래하던 시절을 생각하고
이 우울한 시대를 파라다이스처럼 생각한다
버드 비숍 여사를 안 뒤부터는 썩어빠진 대한민국이
괴롭지 않다 오히려 황송하다 역사는 아무리
더러운 역사라도 좋다
진창은 아무리 더러운 진창이라도 좋다
나에게 놋주발보다도 더 쨍쨍 울리는 추억이
있는 한 인간은 영원하고 사랑도 그렇다

비숍 여사와 연애를 하고 있는 동안에는 진보주의자와

사회주의자는 네에미 씹이다 통일도 중립도 개좆이다
은밀도 심오도 학구도 체면도 인습도 치안국
으로 가라 동양척식회사, 일본영사관, 대한민국관리,
아이스크림은 미국놈 좆대강이나 빨아라 그러나
요강, 망건, 장죽, 종묘상, 장전, 구리개 약방, 신전,
피혁점, 곰보, 애꾸, 애 못 낳는 여자, 무식쟁이,
이 모든 무수한 반동이 좋다
이 땅에 발을 붙이기 위해서는
──제3인도교의 물속에 박은 철근기둥도 내가 내 땅에
박는 거대한 뿌리에 비하면 좀벌레의 솜털
내가 내 땅에 박는 거대한 뿌리에 비하면

괴기영화의 맘모스를 연상시키는
까치도 까마귀도 응접을 못하는 시꺼먼 가지를 가진
나도 감히 상상을 못하는 거대한 거대한 뿌리에 비하
면……

강가에서

저이는 나보다 여유가 있다
저이는 나보다도 가난하게 보이는데
저이는 우리집을 찾아와서 산보를 청한다
강가에 가서 돌아갈 차비만 남겨놓고 술을 사준다
아니 돌아갈 차비까지 다 마셨나보다
식구가 나보다도 일곱 식구나 더 많다는데
일요일이면 빼지 않고 강으로 투망을 하러 나온다고 한다
그리고 반드시 4킬로 가량을 걷는다고 한다

죽은 고기처럼 혈색없는 나를 보고
얼마전에는 애 업은 여자하고 오입을 했다고 한다
초저녁에 두번 새벽에 한번
그러니 아직도 늙지 않지 않았느냐고 한다
그래도 추탕을 먹으면서 나보다도 더 땀을 흘리더라만
신문지로 얼굴을 씻으면서 나보고도
산보를 하라고 자꾸 권한다

그는 나보다도 가난해 보이는데

남방셔츠 밑에는 바지에 혁대도 매지 않았는데
그는 나보다도 가난해 보이고
그는 나보다도 짐이 무거워 보이는데
그는 나보다도 훨씬 늙었는데
그는 나보다도 눈이 들어갔는데
그는 나보다도 여유가 있고
그는 나에게 공포를 준다

이런 사람을 보면 세상사람들이 다 그처럼 살고 있는 것같다
나같이 사는 것은 나밖에 없는 것같다
나는 이렇게도 가련한 놈 어느 사이에
자꾸자꾸 소심해져만간다
동요도 없이 반성도 없이
자꾸자꾸 小人이 돼간다
俗돼간다 俗돼간다
끝없이 끝없이 동요도 없이

말

나무뿌리가 좀더 깊이 겨울을 향해 가라앉았다
이제 내 몸은 내 몸이 아니다
이 가슴의 動悸도 기침도 한기도 내것이 아니다
이 집도 아내도 아들도 어머니도 다시 내것이 아니다
오늘도 여전히 일을 하고 걱정하고
돈을 벌고 싸우고 오늘부터의 할 일을 하지만
내 생명은 이미 맡기어진 생명
나의 질서는 죽음의 질서
온 세상이 죽음의 가치로 변해버렸다

익살스러울만치 모든 거리가 단축되고
익살스러울만치 모든 질문이 없어지고
모든 사람에게 고해야 할 너무나 많은 말을 갖고 있지만
세상은 나의 말에 귀를 기울이지 않는다

이 무언의 말
이 때문에 아내를 다루기 어려워지고
자식을 다루기 어려워지고 친구를

다루기 어려워지고
이 너무나 큰 어려움에 나는 입을 봉하고 있는 셈이고
무서운 무성의를 자행하고 있다

이 무언의 말
하늘의 빛이요 물의 빛이요 우연의 빛이요 우연의 말
죽음을 꿰뚫는 가장 무력한 말
죽음을 위한 말 죽음에 섬기는 말
고지식한 것을 제일 싫어하는 말
이 만능의 말
겨울의 말이자 봄의 말
이제 내 말은 내 말이 아니다

현대식 교량

　현대식 교량을 건널 때마다 나는 갑자기 회고주의자가 된다
　이것이 얼마나 죄가 많은 다리인 줄 모르고
　식민지의 곤충들이 24시간을
　자기의 다리처럼 건너다닌다
　나이어린 사람들은 어째서 이 다리가 부자연스러운지를 모른다
　그러니까 이 다리를 건너갈 때마다
　나는 나의 심장을 기계처럼 중지시킨다
　(이런 연습을 나는 무수히 해왔다)

　그러나 문제는 이러한 반항에 있지 않다
　저 젊은이들의 나에 대한 사랑에 있다
　아니 신용이라고 해도 된다
　「선생님 이야기는 20년 전 이야기이지요」
　할 때마다 나는 그들의 나이를 찬찬히
　소급해가면서 새로운 여유를 느낀다
　새로운 역사라고 해도 좋다

이런 경이는 나를 늙게 하는 동시에 젊게 한다
아니 늙게 하지도 젊게 하지도 않는다
이 다리 밑에서 엇갈리는 기차처럼
늙음과 젊음의 분간이 서지 않는다
다리는 이러한 정지의 증인이다
젊음과 늙음이 엇갈리는 순간
그러한 속력과 속력의 停頓 속에서
다리는 사랑을 배운다
정말 희한한 일이다
나는 이제 적을 형제로 만드는 實證을
똑똑하게 천천히 보았으니까!

적 1

우리는 무슨 적이든 적을 갖고 있다
적에는 가벼운 적도 무거운 적도 없다
지금의 적이 제일 무거운 것같고 무서울 것같지만
이 적이 없으면 또 다른 적——내일
내일의 적은 오늘의 적보다 약할지 몰라도
오늘의 적도 내일의 적처럼 생각하면 되고
오늘의 적도 내일의 적처럼 생각하면 되고

오늘의 적으로 내일의 적을 쫓으면 되고
내일의 적으로 오늘의 적을 쫓을 수도 있다
이래서 우리들은 태평으로 지낸다

적 2

제일 피곤할 때 적에 대한다
바위의 아량이다
날이 흐릴 때 정신의 집중이 생긴다
신의 아량이다

그는 사지의 관절에 힘이 빠져서
특히 무릎하고 대퇴골에 힘이 빠져서
사람들과
특히 그가 가장 사랑하는 사람들과의 관련을 해체시
킨다

詩는 쨍쨍한 날씨에 청랑한 들에
환락의 개울가에 바늘돋친 숲에
버려진 우산
망각의 想起다

聖人은 처를 적으로 삼았다
이 한국에서도 눈이 뒤집힌 사람들
틈에 끼여 사는 처와 처들을 본다

오 결별의 신호여

이조시대의 장안에 깔린 기왓장 수만큼
나는 많은 것을 버렸다
그리고 가장 피로할 때 가장 귀한
것을 버린다

흐린 날에는 연극은 없다
모든게 쉰다
쉬지 않는 것은 처와 처들뿐이다
혹은 버림받은 애인뿐이다
버림받으려는 애인뿐이다
넝마뿐이다

제일 피곤할 때 적에 대한다
날이 흐릴 때면 너와 대한다
가장 가까운 적에 대한다
가장 사랑하는 적에 대한다
우연한 싸움에 이겨보려고

절망

풍경이 풍경을 반성하지 않는 것처럼
곰팡이 곰팡을 반성하지 않는 것처럼
여름이 여름을 반성하지 않는 것처럼
속도가 속도를 반성하지 않는 것처럼
졸렬과 수치가 그들 자신을 반성하지 않는 것처럼
바람은 딴 데에서 오고
구원은 예기치 않은 순간에 오고
절망은 끝까지 그 자신을 반성하지 않는다

어느날 고궁을 나오면서

왜 나는 조그마한 일에만 분개하는가
저 왕궁 대신에 왕궁의 음탕 대신에
50원짜리 갈비가 기름덩어리만 나왔다고 분개하고
옹졸하게 분개하고 설렁탕집 돼지같은 주인년한테 욕을 하고
옹졸하게 욕을 하고

한번 정정당당하게
붙잡혀간 소설가를 위해서
언론의 자유를 요구하고 월남파병에 반대하는
자유를 이행하지 못하고
30원을 받으러 세번씩 네번씩
찾아오는 야경꾼들만 증오하고 있는가

옹졸한 나의 전통은 유구하고 이제 내 앞에 정서로
가로놓여있다
이를테면 이런 일이 있었다
부산에 포로수용소의 제14야전병원에 있을 때
정보원이 너스들과 스펀지를 만들고 거즈를

개키고 있는 나를 보고 포로경찰이 되지 않는다고
남자가 뭐 이런 일을 하고 있느냐고 놀린 일이 있었다
너스들 옆에서

지금도 내가 반항하고 있는 것은 이 스펀지 만들기와
거즈 접고 있는 일과 조금도 다름없다
개의 울음소리를 듣고 그 비명에 지고
머리에 피도 안 마른 애놈의 투정에 진다
떨어지는 은행나무잎도 내가 밟고 가는 가시밭

아무래도 나는 비켜서있다 절정 위에는 서있지
않고 암만 해도 조금쯤 옆으로 비켜서있다
그리고 조금쯤 옆에 서있는 것이 조금쯤
비겁한 것이라고 알고 있다!

그러니까 이렇게 옹졸하게 반항한다
이발장이에게
땅 주인에게는 못하고 이발장이에게
구청직원에게는 못하고 동회직원에게도 못하고

야경꾼들에게 20원 때문에 10원 때문에 1원 때문에
우습지 않으냐 1원 때문에

모래야 나는 얼마큼 적으냐
바람아 먼지야 풀아 나는 얼마큼 적으냐
정말 얼마큼 적으냐……

이 한국문학사

지극히 시시한 발견이 나를 즐겁게 하는 야밤이 있다
오늘밤 우리의 현대문학사의 변명을 얻었다
이것은 위대한 힌트가 아니니만큼 좋다
또 내가 〈시시한〉 발견의 편집광이라는 것도 안다
중요한 것은 야밤이다

우리는 여지껏 희생하지 않는 오늘의 문학자들에 관해서
너무나 많이 고민해왔다
김동인, 박승희 같은 이들처럼 사재를 털어놓고
문화에 헌신하지 않았다
김유정처럼 그 밖의 위대한 선배들처럼 거지짓을 하면서
소설에 골몰한 사람도 없다……

그러나 덤핑 출판사의 20원짜리나 20원 이하의 고료를 받고 일하는
14원이나 13원이나 12원짜리 번역일을 하는
불쌍한 나나 내 부근의 친구들을 생각할 때
이 죽은 순교자들을 어떻게 생각해야 하나
우리의 주위에 너무나 많은 순교자들의 이 발견을

지금 나는 하고 있다

나는 광휘에 찬 신현대문학사의 시를 깨알같은 글씨로
쓰고 있다
될 수만 있으면 독자들에게 이 깨알만한 글씨보다 더
작게 써야 할 이 고초의 시기의
보다 더 작은 나의 즐거움을 피력하고 싶다

덤핑 출판사의 일을 하는 이 무의식 대중을 웃지 마라
지극히 시시한 이 발견을 웃지 마라
비로소 충만한 이 한국문학사를 웃지 마라
저들의 고요한 숨결을 웃지 마라
저들의 무서운 방탕을 웃지 마라
이 무서운 낭비의 아들들을 웃지 마라

H

H는 그전하곤 달라졌어
내가 K의 詩 얘기를 했더니 욕을 했어
욕을 한 건 그것뿐이었어
그건 그의 인사였고 달라지지 않은 것은 그것뿐
그 밖에는 모두가 좀 달라졌어

우리는 격하지 않고 얘기할 수 있었어
훌륭하게 훌륭하게 얘기할 수 있었어
그의 약간의 오류는 문제가 아냐
그의 오류는 꽃이야
이 무엇이라고 말할 수 없는 나라의 수도의
한복판에서

우리는 그 또 한복판이 되고 있어
그도 이 관용을 알고 이 마지막 관용을 알고 있지만
음미벽이 있는 나보다는 덜 알고 있겠지
 그러니까 그가 나보다도 아직까지는 더 순수한 폭도
되고
 우리는 월남의 중립문제니 새로 생긴다는 혁신정당 애

기를
　하고 있었지만
　아아 비겁한 민주주의여 안심하라
　우리는 정치얘기를 하구 있었던 게 아니야

　우리는 조금도 흥분하지 않았고
　그는 그전처럼 욕도 하지 않았고
　내 찻값까지 합해서 백원을 치르고 나가는
　그의 표정을 보고
　나는 그가 필시 속으로 나를 포기하고
　있다는 것을 알았어

　그는 그전하곤 달라졌어
　그는 이제 조용하게 나를 경멸할 줄 알아
　석달 전에 결혼한 그는 그전하곤 모두가 좀 달라졌어
　그리고 그가 경멸하고 있는 건 나의
　정치문제뿐이 아냐

눈

눈이 온 뒤에도 또 내린다

생각하고 난 뒤에도 또 내린다

응아 하고 운 뒤에도 또 내릴까

한꺼번에 생각하고 또 내린다

한 줄 건너 두 줄 건너 또 내릴까

폐허에 폐허에 눈이 내릴까

설사의 알리바이

설파제를 먹어도 설사가 막히지 않는다
하룻동안 겨우 막히다가 다시 뒤가 들먹들먹한다
꾸루룩거리는 배에는 푸른색도 흰색도 적이다

배가 모조리 설사를 하는 것은 머리가 설사를
시작하기 위해서다 性도 윤리도 약이
되지 않는 머리가 불을 토한다

여름이 끝난 벽 저쪽에 서있는 낯선 얼굴
가을이 설사를 하려고 약을 먹는다
성과 윤리의 약을 먹는다 꽃을 거두어들인다

문명의 하늘은 무엇인가로 채워지기를 원한다
나는 지금 규제로 시를 쓰고 있다 타의의 규제 아슬아
슬한 설사다

언어가 죽음의 벽을 뚫고 나가기 위한
숙제는 오래된다 이 숙제를 노상 방해하는 것이
성의 윤리와 윤리의 윤리다 중요한 것은

괴로움과 괴로움의 이행이다 우리의 행동
이것을 우리의 시로 옮겨놓으려는 생각은
단념하라 괴로운 설사

괴로운 설사가 끝나거든 입을 다물어라 누가
보았는가 무엇을 보았는가 일절 말하지 말아라
그것이 우리의 증명이다

엔카운터誌

빌려드릴 수 없어. 작년하고도 또 틀려.
눈에 보여. 냉면집 간판밑으로——육개장을 먹으러——
들어갔다가 나왔어——메밀국수 전문집으로 갔지——
매춘부 젊은애들, 때묻은 발을 꼬고앉아서 유부우동을
먹고 있는 것을 보다가 생각한 것 아냐. 그때는 빌려
드리려고 했어. 관용의 미덕——
그걸 할 수 있었어. 그것도 눈에 보였어 엔카운터
속의 이오네스코까지도 희생할 수 있었어. 그게
무어란 말이야. 나는 그 이전에 있었어. 내몸. 빛나는
몸.

그렇게 매일을 믿어왔어. 방을 이사를 했지. 내
방에는 아들놈이 가고 나는 식모아이가 쓰던 방으로
가고. 그런데 큰놈의 방에 같이 있는 가정교사가 내
기침소리를 싫어해. 내가 붓을 놓는 것까지
자리에서 일어나는 것까지 문을 여는 것까지 알고
방어작전을 써. 그래서 안방으로 다시 오고, 내가
있던 기침소리가 가정교사에게 들리는 방은 도로
식모아이한테 주었지. 그때까지도 의심하지 않았어.

책을 빌려드리겠다고 나의 모든 프라이드를
재산을 연장을 내드리겠다고.

그렇게 매일을 믿어왔는데, 갑자기 변했어.
왜 변했을까. 이게 문제야. 이게 내 고민야.
지금도 빌려줄 수는 있어. 그렇지만 안 빌려줄 수도
있어. 그러나 너무 재촉하지 마라. 이 문제가 해결
되기까지 기다려봐. 지금은 안 빌려주기로 하고
있는 시간야. 그래야 시간을 알겠어. 나는 지금 시간
과 싸우고 있는 거야. 시간이 있었어. 안 빌려주
게 됐다. 시간야. 시간을 느꼈기 때문야. 시간이
좋았기 때문야.

시간은 내 목숨야. 어제하고는 틀려졌어. 틀려
졌다는 것을 알았어. 틀려져야겠다는 것을 알
았어. 그것을 당신한테 알릴 필요가 있어. 그것
이 책보다 더 중요하다는 걸 모르지. 그것을
이제부터 당신한테 알리면서 살아야겠어 —— 그게
될까? 되면? 안되면? 당신! 당신이 빛난다.

우리들은 빛나지 않는다. 어제도 빛나지 않고,
오늘도 빛나지 않는다. 그 연관만이 빛난다.
시간만이 빛난다. 시간의 인식만이 빛난다.
빌려주지 않겠다. 빌려주겠다고 했지만
빌려주지 않겠다. 야한 선언을
하지 않고 우물쭈물 내일을 지내고
모레를 지내는 것은 내가 약한 탓이다.
야한 선언은 안 해도 된다. 거짓말을 해도
된다.

안 빌려주어도 넉넉하다. 나도 넉넉하고,
당신도 넉넉하다. 이게 세상이다.

전화 이야기

여보세요. 앨비의 아메리칸 드림예요. 절망예요.
8월달에 실어주세요. 절망에서 나왔어요.
모레면 다 돼요. 2백매예요. 특종이죠.
머릿속에 특종이란 자가 보여요. 여편네하고
싸우고 나왔지요. 순수하죠. 앨비 말예요.
살롱 드라마이지요. 반도호텔이나 조선호텔에서
공연을 하게 돼요. 절망의 여운이에요.
미해결이지요. 좋아요. 만족입니다.
신문회관 3층에서 하는 게 낫다구요. 아녜요.
거기에는 냉방장치가 없어요. 장소는 2백명 가량
수용될지 모르지만요. 절망의 연료가 모자
란다구요. 그래요! 반도호텔같은 데라야
미국놈들한테서 입장료를 받을 수 있지요.
여편네하고는 헤어져도 되지만, 아이들이
불쌍해서요, 미해결예요.

코리안 드림이라구요. 놀리지 마세요.
아이놈은 자구 있어요. 구원이지요. 나를
방해를 안 하니까요. 절망의 물방울이

튄 거지요.
내주신다면, 당신의 잡지의 8월호에 내주신다면,
특종이니깐요, 극단도 좋고, 당신네도
좋고, 번역하는 사람도 좋고, 나도 좋은
일을 하는 폭이 되지요.
앨비예요. 앨비예요. 에이 엘 비 이 이. 네.
그래요. 아아, 그렇군요.
네에, 그러실 겁니다. 아뇨. 아아, 그렇군요.

이런 전화를, 번역하는 친구를 옆에 놓고,
생색을 내려고, 하고 나서, 그 부고를
그에게 전하고, 그 무지무지한 소란 속에서
나의 소란을 하나 더 보탠 것에 만족을
느낀 것은 절망에 지각하고 난 뒤이다.

사랑의 변주곡

욕망이여 입을 열어라 그 속에서
사랑을 발견하겠다 도시의 끝에
사그라져가는 라디오의 재잘거리는 소리가
사랑처럼 들리고 그 소리가 지워지는
강이 흐르고 그 강 건너에 사랑하는
암흑이 있고 3월을 바라보는 마른 나무들이
사랑의 봉오리를 준비하고 그 봉오리의
속삭임이 안개처럼 이는 저쪽에 쪽빛 산이

사랑의 기차가 지나갈 때마다 우리들의
슬픔처럼 자라나고 도야지우리의 밥찌끼
같은 서울의 등불을 무시한다
이제 가시밭, 넝쿨장미의 기나긴 가시가지
까지도 사랑이다

왜 이렇게 벅차게 사랑의 숲은 밀어닥치느니
사랑의 음식이 사랑이라는 것을 알 때까지

난로 위에 끓어오르는 주전자의 물이 아슬

아슬하게 넘지 않는 것처럼 사랑의 절도는
열렬하다
間斷도 사랑
이 방에서 저 방으로 할머니가 계신 방에서
심부름하는 놈이 있는 방까지 죽음같은
암흑 속을 고양이의 반짝거리는 푸른 눈망울처럼
사랑이 이어져가는 밤을 안다
그리고 이 사랑을 만드는 기술을 안다
눈을 떴다 감는 기술──불란서혁명의 기술
최근 우리들이 4·19에서 배운 기술
그러나 이제 우리들은 소리내어 외치지 않는다

복사씨와 살구씨와 곶감씨의 아름다운 단단함이여
고요함과 사랑이 이루어놓은 폭풍의 간악한
신념이여
봄베이도 뉴욕도 서울도 마찬가지다
신념보다도 더 큰
내가 묻혀 사는 사랑의 위대한 도시에 비하면
너는 개미이냐

아들아 너에게 광신을 가르치기 위한 것이 아니다
사랑을 알 때까지 자라라
인류의 종언의 날에
너의 술을 다 마시고 난 날에
미대륙에서 석유가 고갈되는 날에
그렇게 먼 날까지 가기 전에 너의 가슴에
새겨둘 말을 너는 도시의 피로에서
배울 거다
이 단단한 고요함을 배울 거다
복사씨가 사랑으로 만들어진 것이 아닌가 하고
의심할 거다!
복사씨와 살구씨가
한번은 이렇게
사랑에 미쳐 날뛸 날이 올 거다!
그리고 그것은 아버지같은 잘못된 시간의
그릇된 명상이 아닐 거다

거짓말의 여운 속에서

사람들은 내 말을 믿지 않는다
시평의 칭찬까지도 시집의 서문을 받은 사람까지도
내가 말한 정치의견을 믿지 않는다

봄은 오고 쥐새끼들이 총알만한 구멍의 조직을 만들고
풀이, 이름도 없는 낯익은 풀들이, 풀새끼들이
허물어진 담밑에서 사과껍질보다도 얇은

시멘트가죽을 뚫고 일어나면 내 집과
나의 정신이 순간적으로 들렸다 놓인다
요는 정치의견이 맞지 않는 나라에는 못 산다

그러나 쥐구멍을 잠시 거짓말의 구멍이라고
바꾸어 생각해보자 내가 써준 시집의 서문을
믿지 않는 사람의 얼굴의 사마귀나 여드름을——

 그 사람도 거짓말의 총알의 까맣고 빨간 흔적을 가진
사람이라고——
 그래서 우리의 혼란을 승화시켜보자

그러나 그러나 그러나

일본말보다도 더 빨리 영어를 읽을 수 있게 된,
몇차례의 언어의 이민을 한 내가
우리말을 너무 잘해서 곤란하게 된 내가

지금 불란서 소설을 읽으면서 아직도 말하지
못한 한가지 말── 정치의견의 우리말이
생각이 안 난다 거짓말 거짓말

거짓말의 부피가 하늘을 덮는다 나는 눈을
가리고 변소에 갔다 온다
사람들은 내 말을 믿지 않고 내가 내 말을 안 믿는다

나는 아무것도 안 속였는데 모든것을 속였다
이 죄에는 사과의 길이 없다 봄이 오고
쥐가 나돌고 풀이 솟는다 소리없이 소리없이

나는 한가지를 안 속이려고 모든것을 속였다

이 죄의 여운에는 사과의 길이 없다 불란서에 가더라도
금방 불란서에 가더라도 금방 자유가 온다 해도

꽃잎 1

누구한테 머리를 숙일까
사람이 아닌 평범한 것에
많이는 아니고 조금
벼를 터는 마당에서 바람도 안 부는데
옥수수잎이 흔들리듯 그렇게 조금

바람의 고개는 자기가 일어서는줄
모르고 자기가 가닿는 언덕을
모르고 거룩한 산에 가닿기
전에는 즐거움을 모르고 조금
안 즐거움이 꽃으로 되어도
그저 조금 꺼졌다 깨어나고

언뜻 보기엔 임종의 생명같고
바위를 뭉개고 떨어져내릴
한 잎의 꽃잎같고
혁명같고
먼저 떨어져내린 큰 바위같고
나중에 떨어진 작은 꽃잎같고

나중에 떨어져내린 작은 꽃잎같고

꽃잎 2

꽃을 주세요 우리의 고뇌를 위해서
꽃을 주세요 뜻밖의 일을 위해서
꽃을 주세요 아까와는 다른 시간을 위해서

노란 꽃을 주세요 금이 간 꽃을
노란 꽃을 주세요 하애져가는 꽃을
노란 꽃을 주세요 넓어져가는 소란을

노란 꽃을 받으세요 원수를 지우기 위해서
노란 꽃을 받으세요 우리가 아닌 것을 위해서
노란 꽃을 받으세요 거룩한 우연을 위해서

꽃을 찾기 전의 것을 잊어버리세요
  꽃의 글자가 비뚤어지지 않게
꽃을 찾기 전의 것을 잊어버리세요
  꽃의 소음이 바로 들어오게
꽃을 찾기 전의 것을 잊어버리세요
  꽃의 글자가 다시 비뚤어지게

내 말을 믿으세요 노란 꽃을
못 보는 글자를 믿으세요 노란 꽃을

떨리는 글자를 믿으세요 노란 꽃을
영원히 떨리면서 빼먹은 모든 꽃잎을 믿으세요
보기싫은 노란 꽃을

꽃잎 3

순자야 너는 꽃과 더워져가는 화원의
초록빛과 초록빛의 너무나 빠른 변화에
놀라 잠시 찾아오기를 그친 벌과 나비의
소식을 완성하고

우주의 완성을 건 한 字의 생명의
귀추를 지연시키고
소녀가 무엇인지를
소녀는 나이를 초월한 것임을
너는 어린애가 아님을
너는 어른도 아님을
꽃도 장미도 어제 떨어진 꽃잎도
아니고
떨어져 물 위에서 썩은 꽃잎이라도 좋고
썩는 빛이 황금빛에 닮은 것이 순자야
너 때문이고
너는 내 웃음을 받지 않고
어린 너는 나의 전모를 알고 있는 듯
야아 순자야 깜찍하고나

너 혼자서 깜찍하고나

네가 물리친 썩은 문명의 두께
멀고도 가까운 그 어마어마한 낭비
그 낭비에 대항한다고 소모한
그 몇곱절의 공허한 투자
대한민국의 전재산인 나의 온 정신을
너는 비웃는다

너는 열네살 우리집에 고용을 살러온 지
3일이 되는지 5일이 되는지 그러나 너와 내가
접한 시간은 단 몇분이 안되지 그런데
어떻게 알았느냐 나의 방대한 낭비와 넌센스와
허위를
나의 못 보는 눈을 나의 둔갑한 영혼을
나의 애인 없는 더러운 고독을
나의 대대로 물려받은 음탕한 전통을

꽃과 더워져가는 화원의

꽃과 더러워져가는 화원의
초록빛과 초록빛의 너무나 빠른 변화에
놀라 오늘도 찾아오지 않는 벌과 나비의
소식을 더 완성하기까지

캄캄한 소식의 실낱같은 완성
실낱같은 여름날이여
너무 간단해서 어처구니없이 웃는
너무 어처구니없이 간단한 진리에 웃는
너무 진리가 어처구니없이 간단해서 웃는
실낱같은 여름바람의 아우성이여
실낱같은 여름풀의 아우성이여
너무 쉬운 하얀 풀의 아우성이여

美濃印札紙

우리 동네엔 미대사관에서 쓰는 타이프용지가 없다우
편지를 쓰려고 그걸 사오라니까 밀용인찰지를 사왔드라우
(밀용인찰지인지 밀양인찰지인지 미룡인찰지인지
사전을 찾아보아도 없드라우)
편지지뿐만 아니라 봉투도 마찬가지지 밀용지 넉 장에
봉투 두 장을 4원에 사가지고 왔으니 알지 않겠소
이것이 편지를 쓰다 만 내력이오── 꽉 막히는구려

꽉 막히는 이것이 나의 생활의 자연의 시초요
바다와 별장과 용솟음치는 파도와 조니 워커와
조크와 미인과 패티 김과 애교와 호담과
남자와 포부의 미련에 대한
편지는 못 쓰겠소 매부 돌아오는 길에
차창에서 내다본 중앙선 복선공사에 동원된
갈대보다도 더 약한 소년들과 부녀자들의
노동의 참경에 대한 편지도 못 쓰겠소 매부

이 인찰지와 이 봉투지로는 편지는 못 쓰겠소

더위도 가시고 오늘은 하루종일 일도
안하고 있지만 밀용인찰지의 나의 생활을
당신한테 보일 수는 없소 이제는
편지를 안해도 한 거나 다름없고 나는
조금도 미안하지 않소 매부의 태산같은
친절과 친절의 압력에 대해서 미안하지 않소

당신이 사준 북어와 오징어와 이등차표와
경포대의 선물과 도리스 위스키와 라스베리 잼에 대해서
미안하지 않소 당신의 모든 행복과 우리들의 바닷가의
행복의 모든 추억에 대해서 미안하지 않소
살아있던 시간에 대해서 미안하지 않소
나와 나의 아내와 우리집의 온 가옥의 무게를 다 합해서
밀양에서 온 식모의 소박과 원한까지를 다 합해서
미안하지 않소——만 다만 식모를 부르는 소리가
좀 단호해졌을 뿐이오 미안할 정도로 좀——

性

그것하고 하고 와서 첫번째로 여편네와
하던 날은 바로 그 이튿날 밤은
아니 바로 그 첫날 밤은 반 시간도 넘어 했는데도
여편네가 만족하지 않는다
그년하고 하듯이 혓바닥이 떨어져나가게
물어제끼지는 않았지만 그래도
어지간히 다부지게 해줬는데도
여편네가 만족하지 않는다

이게 아무래도 내가 저의 섹스를 개관하고
있는 것을 아는 모양이다
똑똑히는 몰라도 어렴풋이 느껴지는
모양이다

나는 섬뜩해서 그전의 둔감한 내 자신으로
다시 돌아간다
연민의 순간이다 황홀의 순간이 아니라
속아 사는 연민의 순간이다

나는 이것이 쏟고 난 뒤에도 보통때보다
완연히 한참 더 오래 끌다가 쏟았다
한번 더 고비를 넘을 수도 있었는데 그만큼
지독하게 속이면 내가 또 속고 만다

풀

풀이 눕는다
비를 몰아오는 동풍에 나부껴
풀은 눕고
드디어 울었다
날이 흐려서 더 울다가
다시 누웠다

풀이 눕는다
바람보다도 더 빨리 눕는다
바람보다도 더 빨리 울고
바람보다 먼저 일어난다

날이 흐리고 풀이 눕는다
발목까지
발밑까지 눕는다
바람보다 늦게 누워도
바람보다 먼저 일어나고
바람보다 늦게 울어도
바람보다 먼저 웃는다
날이 흐리고 풀뿌리가 눕는다

자유와 꿈
—— 김수영의 시세계

김현

　김수영의 시적 주제는 자유이다. 그것은 그의 초기 시편에서부터 그가 죽기 직전에 발표한 시들에 이르기까지 그의 끈질긴 탐구 대상을 이룬다. 그는 그러나 엘뤼아르처럼 자유 그것 자체를 그것 자체로 노래하지 않는다. 그는 자유를 시적·정치적 이상으로 생각하고, 그것의 실현을 불가능케 하는 여건들에 대해 노래한다. 그의 시가 노래한다라고 쓰는 것은 옳지 않다. 그는 절규한다. 자유는 그의 시에서 세 번의 변모를 감수한다. 그가 그의 첫 작품을 발표한 1946년에서부터 4·19혁명이 일어난 1960년에 이르기까지 자유는 설움·비애라는 소시민적 감정을 통해 역설적으로 표현된다. 1960년에서 1961년에 이르는 사이, 그것은 사랑과 혁명으로 설명되며, 그 이후의 시작 활동에서는, 그것이 그것을 불가능케 하는 적에 대한 증오와, 그 적을 그대로 수락할 수밖에 없는 자신에 대한 연민·탄식으로 설명된다.
　그의 시작(詩作)의 초기에 있어서, 그는 그가 초기 시에서 날카롭게 보여준 자유의 시적·정치적 이상을 그렇게 날카롭게 드러내고 있지는 않다. 그의 최초의 작품이라고 알려져 있으며, 그 자신이 그것에 대해 내내 심한 불만을 토로하고 있는 「묘정(廟庭)의 노래」(1946)에서는 조지훈류의 회고취미가 오히려 압도적이다. 그러나 그의 두번째 작품에서부터 그는 「묘정의 노래」에서 기대되었던 복고주의와는 완전히 결별한다. 그의 두번째 작품인 「공자의 생활난」(1946)은 복고주의보다도 명확하게 대상을 관찰하고 파악하고 이해하겠다는 의지를 보여준다.

    동무여 이제 나는 바로 보마
    사물과 사물의 생리와
    사물의 수량과 한도와
    사물의 우매와 사물의 명석성을

  그가 〈바로 본다〉라고 표현하고 있는 동작은 인용한 시구 바로 위에 나오는 〈나의 반란성(叛亂性)〉이라는 어휘와 밀접하게 관련되어 있다. 바로 본다는 것은 대상을 사람들이 그 대상에 부여한 의미 그대로 이해하지 않고, 그 나름으로 본다는 것을 뜻한다. 그것은 도식적이고 관습적인 대상 인식이 아니다. 그런 의미에서 그것은 상식에 대한 반란을 뜻한다. 그의 반란성은 그 비관습적이며, 비상투적인 그의 대상 인식을 지칭하는 어휘이다. 그것은 때때로 작란(作亂)이라는 어휘로 대치되기도 한다. 그가 작란이라는 어휘를 선택할 때 그것은 손작란을 나타내기 위한 것이 아니라 의식 작란을 나타내기 위한 것이다. 그의 의식 작란에서 그의 시의 파격성이 생겨난다.

그의 시의 파격성은 김기림이 그 기치를 높이 든 모더니즘의 한 특성이다. 모더니즘은 시란 시적이라고 알려진 대상을 운문으로 묘파해야 한다는 낡은 시론에 대한 반발을 표시한다. 〈동양적 적멸〉,〈무절제한 감상의 배설〉, 다시 말해서 〈봉건적 뭇 요소〉와 〈감상주의〉에서의 탈피는 김기림적 모더니즘의 중요한 측면이다. 그래서 비시적(非詩的)인 요소와 현대 문명이 과감하게 도입된다. 김수영은 거기에서 한 걸음 더 나아가, 비시적 요소와 현대 문명을 도입하기 위해서 도입하는 태도까지를 비판한다. 그것은 〈정신은 없고 코스튬만 있는〉 상태이기 때문이다. 그는 모더니즘을 하나의 문학적 조류로 이해한 것이 아니라, 세계를 이해하고 관찰하는 한 정신의 태도로 받아들인다. 그 태도가 그로 하여금 1960년대 초기에 혁명에 관심을 쏟게 만드는 것이지만, 그것은 초기에 〈본다〉라는 형태로 나타난다. 1947년에 씌어진 3편의 시가 다 같이 본다는 것을 그 중요한 행동으로 드러내고 있는 것도 그러므로 우연은 아니다.

1) 어린 동생들과의 잡담도 마치고
　　오늘도 어제와 같이 괴로운 잠을
　　이루울 준비를 해야 할 이 시간에
　　괴로움도 모르고
　　나는 이 책을 멀리 보고 있다.
　　그저 멀리 보고 있는 것이 타당한 것이므로
　　나는 괴롭다.
　　　　　　　　　　——「가까이할 수 없는 서적」

2) 오늘 또 활자를 본다

>   한없이 긴 활자의 연속을 보고
>   瓦斯의 정치가들을 응시한다.
>   ──「아메리카 타임지」
>
> 3) 나는 한번도 아버지의
>   수염을 바로는 보지
>   못하였다   ──「이〔虱〕」

 바로 본다는 생각은 자기가 바로 보지 못한다고 느낄 때 그 주체에게 괴로움을 부여한다. 그에게 있어서 바로 본다는 행위는 언제나 괴로움과 결부된다. 그 괴로움이 그의 초기 시에서는 설움·비애로 나타난다. 바로 본다는 것은 자유스럽게 본다는 것이다. 그러나 그가 생활이라고 부르고 있는 상황은 그것을 쉽게 허락하지 않는다. 그래서 그는 〈내가 잠겨 있는 정신의 초점은 感傷과 향수가 아닐 것이다〉(「거리 2」)라고 단호히 말하다가도 〈생활은 고절이며 비애이었다〉(「생활」)라고 말한다. 〈조그마한 세상의 지혜를 배운다는 것은 설운 일〉(「조그마한 세상의 지혜」)이라는 것이다. 그때 삶은 〈물 위를 날아가는 돌 팔매질〉로 표상된다.

>   물 위를 날아가는 돌팔매질 ──
>   아슬아슬하게
>   세상에 배를 대고 날아가는 정신이여
>   ──「바뀌어진 지평선」

 돌은 자유로운, 바로 보려는 정신이며, 물결은 그것을 불가능하게 만드는 삶이다. 거기에서 비애가 생겨나는 것이다. 자유와 비애와의 관계를 「헬리콥터」는 그의 돌팔매질보다 더욱 명료하게 드러낸다. 〈헬리콥터가 풍선보다도 가벼웁게 상승하는 것을 보고/놀랄 수 있는 사람은 설움을 아는 사람이지만 또한 이것을 보고 놀라지 않는 것도 설움을 아는 사람일 것이다〉라고 경구적으로 헬리콥터와 설움을 결합시킨 뒤에, 그것을 그는 마지막 편에서 다음과 같이 부연한다.

〈헬리콥터여 너는 설운 동물이다〉

—— 자유
—— 비애

더 넓은 전망이 필요 없는 이 무제한의 시간 우에서
산도 없고 바다도 없고 진흙도 없고 진창도 없고 미련도 없이
앙상한 육체의 투명한 골격과 세포와 신경과 안구까지
모조리 노출낙하시켜 가면서
안개처럼 가벼웁게 날아가는 과감한 너의 의사 속에는
남을 보기 전에 네 자신을 먼저 보이는
긍지와 선의가 있다
너의 조상들이 우리의 조상과 함께
손을 잡고 초동물세계 속에서 영위하던
자유의 정신의 아름다운 원형을
너는 또한 우리가 발견하고 규정하기 전에 가지고 있었으며
오늘에 네가 전하는 자유의 마지막 파편에
스스로 겸손의 침묵을 지켜가며 울고 있는 것이다
———「헬리콥터」

헬리콥터의 비상은 그것이 새의 비상을 상기시켜 준다는 점에서 〈자유의 정신의 아름다운 원형〉을 가지고 있지만, 결국은 착륙하지 않을 수 없다는 점에 대해서 〈울지〉 않을 수 없는 것을 가지고 있는 비상이다. 헬리콥터는 자유와 비애를 그 양극에 가지고 있다. 자유는 휴식과 달관을 거부하지만, 그것을 수락하지 않으면 생활을 영위할 수 없는 곳에 비애가 있다.

> 태양의 다음가는 자유
> 자유의 다음가는 게시판
> 너무나 어려운 휴식이여
> 눈물이 흘러나올 여유조차 없는
> 게시판과 너 사이에
> 오늘의 생활이 있을진대
> ──「기자의 정열」

그러나 그는 그의 초기 시에서 자유의 정치적 내용에 대해서는 거의 언급하지 않는다. 그는 그것을 〈반란성〉, 〈반역의 정신〉(「구름의 파수병」) 등의 추상적이고 막연한 용어로 지칭할 따름이다. 그의 초기 시는 그래서 자유보다는 그것의 좌절에서 생기는 비애를 더욱 절절하게 절규한다. 그 비애는 그의 표현을 빌리면 비처럼 〈움직이는 비애〉(「비」)이다. 그 비애로밖에 표현할 수 없는 그를 그 자신은 〈고갈시인〉이라는 처참한 용어로 지칭한다(「PLASTER」). 그것을 그 자신이 극복했을 때 그는 「폭포」(1957)와 같은 힘있는 시를 쓸 수 있지만, 대부분의 경우 그는 그 비애를 극복하지 못한다.

그 비애가 극에 달하여, 하나의 폭발을 가능하게 하리라는 예감을 우리는 4·19혁명 직전에 발표한 「하…… 그림자가 없다」(1960. 4. 3)에서 얻을 수 있다.

> 우리들의 싸움의 모습은 초토작전이나
> 「건 힐의 혈투」 모양으로 활발하지도 않고 보기좋은 것도 아니다
> 그러나 우리들은 언제나 싸우고 있다
> 아침에도 낮에도 밤에도 밥을 먹을 때에도
> 거리를 걸을 때도 환담할 때도
> 장사를 할 때도 토목공사를 할 때도
> 여행을 할 때도 울 때도 웃을 때도
> 풋나물을 먹을 때도
> 시장에 가서 비린 생선냄새를 맡을 때도
> 배가 부를 때도 목이 마를 때도
> 연애를 할 때도 졸음이 올 때도 꿈속에서도
> 깨어나서도 또 깨어나서도 또 깨어나서도……
> 수업을 할 때도 퇴근시에도
> 사이렌소리에 시계를 맞출 때도 구두를 닦을 때도……
> 우리들의 싸움은 쉬지 않는다

4·19혁명은 그에게 〈쉬지 않는 싸움〉의 승리로 이해된다. 그는 1960년 내내, 그의 비애를 떨쳐버리고 폭포처럼 퍼붓는다. 그때의 그의 시적 묘사처럼 막힘이 없고 직선적인 것은 없다. 그는 드디어 비애로서 느끼던 자유의 정체를 발견한다. 그것은 혁명이다. 그의 혁명은 완전을 향해 가는 부단한 자기 부정이다. 〈혁명은 상대적 완전을 수행하는 것

이다〉, 〈혁명은 도처에 불시로 부단히 있는 것〉 따위의 단장들은 그의 혁명이 윤택한 사회, 자유로운 사회를 향한 방법론적 부정임을 입증한다. 그의 혁명은 그래서 타협을 제일 타기한다. 그것은 타협이 아니라, 결별이다. 1960년 4월 26일에 씌어진 「우선 그놈의 사진을 떼어서 밑씻개로 하자」에는 〈아아 어서어서 썩어빠진 어제와 결별하자〉라는 외침이 담겨 있다. 〈민주주의와 자유는 이제 상식으로 되었으며〉〈아무도 나무랄 사람〉은 없으며, 〈아무도 붙들어갈 사람〉이 없기 때문이다. 그 작품 이후에 씌어진 근 10여 편의 작품들은 추고 한 번 한 것 같지 아니한, 그저 기뻐서 외친 절규 그것이다. 그의 절규는 그의 표현을 빌리면, 그것 자체가 자유였던 것이다. 「만시지탄(晚時之嘆)은 있지만」, 「나는 아리조나 카보이야」는 그 대표적인 것이다. 1960년은 그의 진보주의적이며 민족주의적인 면모가 유감없이 발휘된 해이다.

자유를 쟁취하기 위한 수단으로서의 혁명은 그러나 「신귀거래(新歸去來)」 연작에 이르면서 점차 자취를 감춘다. 그도 〈모르는 사이에〉 그의 〈몸이 아프〉(「먼 곳에서부터」)게 된 것이다. 그와 동시에 그의 시에 적이 등장하기 시작한다.

> 아픈 몸이
> 아프지 않을 때까지 가자
> 온갖 식구와 온갖 친구와
> 온갖 적들과 함께
> 적들의 적들과 함께
> 무한한 연습과 함께
>
>   ——「아픈 몸이」

그 적은 그러나 정체가 없다. 정체도 없이 그것은 그의 〈양심과 독기를〉 문어처럼 빨아먹는다(「적」). 다시 술(「만주의 여자, 장시 2」)과 울음·설움(「피아노, 반달」)이 나타나서, 그의 자유는 취함과 설움의 형태로 휴식을 취한다. 그의 후기시는 그 취함과 설움의 생활의 시이다. 가난한 삶과 돈에 대한 경멸이 거기에서는 주조를 이룬다.

> 그러나 돈은 없다
> ── 돈이 없다는 것도 오랜 친근이다
> ── 그리고 그 무게는 돈이 없는 무게이기도 하다
> 또 무엇이 있나 나의 호주머니에는?
> 연필쪽!
> 옛날 추억이 든 그러나 일년 내내 한번도 펴본 일이 없는 죽은 기억의 휴지
> 아무것도 집어넣어본 일이 없는 왼쪽 안호주머니
> ── 여기에는 혹시 휴식의 갈망이 들어 있는지도 모른다
> ── 휴식의 갈망도 나의 오랜 친근한 친구이다……
>   ──「플란넬 저고리」

혁명과 비애라는 자유의 두 극단을 다 같이 체험한 시인에게 자유는 큰 짐이 된다. 그 자유라는 이상을 버릴 수 없으면서, 그것을 위해 계속 싸우지 못하고, 일상적인 삶 속에서 소시민이 되어버리고 만 자신만을 바라본다는 것은, 시인에게는 오히려 분노만을 야기시킨다. 그 분노는 그러나 안으로 스며들어 자신에 대한 쓰디쓴 연민으로 나타난다.

1) 나같이 사는 것은 나밖에 없는 것같다
   나는 이렇게도 가련한 놈 어느 사이에
   자꾸자꾸 소심해져만 간다
   동요도 없이 반성도 없이
   자꾸자꾸 小人이 돼간다
   俗돼간다 俗돼간다
   끝없이 끝없이 동요도 없이
   ──「강가에서」

2) 모래야 나는 얼마큼 적으냐
   바람아 먼지야 풀아 나는 얼마큼 적으냐
   정말 얼마큼 적으냐……
   ──「어느날 고궁을 나오면서」

 자신의 하찮음에 대한 연민은 후기 시에서 두 가지의 탈출구를 발견케 한다. 하나는 자신의 하찮음을 긍정적으로 묘사함으로써, 오히려 독자들에게 그것을 쓴 시인을 경멸할 수 있도록 만드는 것이며 (「절망」, 「적 1」), 또 하나는 능변이다. 〈자칭 예술파 시인들이 아무리 우리의 능변을 욕해도 ── 이것이 환희인 걸 어떻게 하랴〉(「미역국」)라고 노골적으로 주장할 뿐 아니라, 실제로 요설로 가득 찬 작품을 제작한다(「잔인의 초」,「이혼 취소」,「엔카운터誌」,「전화이야기」,「美濃人札紙」). 그러나 그는 그 모든 것이 거짓이라는 것을 잘 알고 있다. 그의 시가 주는 감동은 그가 그의 작품에 대해서 행하는 반성에서 연유한다. 〈나는 한 가지를 안 속이려고 모든 것을 속였다. 이 죄의 여운에는 사과의 길이 없다. 불란서에 가더라도 금방 자유가 온다 해도〉(「거짓말의 여운 속에서」). 그리고 그는 초기의 「폭포」를 뛰어넘는 진실한 한 편의 시를 남기고 있다. 그것이 그의 「풀」(1968. 5. 29)이다. 그 시를 쓴 지 보름 만에 그는 그의 집 앞에서 쓰러져, 운명의 세계로 들어간다.

1946년 《예술부락》이라는 동인지에 「묘정의 노래」를 처음으로 발표한 이후, 그는 그의 마지막 작품인 「풀」에 이르기까지 130여 편의 시와 숱한 시론을 발표한다. 김춘수와 함께 해방후의 시인들 중에서 가장 중요한 역할을 맡아 한 그의 문학적 업적은 그의 반시론(反詩論)으로 집약될 수 있다. 그의 반시론은 1960년대 시의 중요한 국면 중의 하나인 참여시론의 대표적 예이다. 그의 시론은 대부분의 참여시론과 다르게, 〈지게꾼이 느끼는 현실을 대변하자는〉 것도 아니며, 소셜리얼리스틱·리얼리즘론도 아니다. 그의 반시론은 언어를 통해 인간성의 회복을 보여주어야 한다는 것이다. 〈시인은 언어를 통해서 자유를 읊으며 또 자유를 사는〉 것이기 때문이다. 그는 언어와 자유, 감동과 직관을 날카롭게 결합시킨 최초의 시인이다. 그는 그래서 성급하게 무조건 비참한 생활을 그리는 것만이 시의 정도(正道)라고 생각하고 신문 사회면에나 날 것들을 생경하게 작품이라고 내놓는 태도에 대해서도, 기교만으로 이루어진 재치의 시에 대해서도 다 같이 매섭게 매도한다. 그의 모든 시론은 그 폭로주의와 재치주의의 배격에 바쳐진다. 그의 반시론은 박용철의 생명시론이 그 현대성을 획득한 것이라고 말할 수 있으며, 말의 진정한 의미에서 초현실주의의 정신에 투철한 것이라고 진술할 수도 있다. 그의 반시론은 그 격렬함 때문에 전봉건·이어령 등과 날카로운 대립을 야기한다. 전봉건

과의 싸움은 시와 사기성이라는 주제로 행해진 것이며 (1965. 2. 전봉건, 「사기론」, 《세대》; 1965. 3. 김수영, 「문맥을 모르는 시인들」, 《세대》), 이어령과의 그것은 불온시에 대한 것을 중심으로 행해진 것이다(1968. 2. 27. 김수영, 「실험적인 문학과 정치적 자유」, 《조선일보》; 1968. 3. 10. 이어령, 「문학은 권력이나 정치 이념의 시녀가 아니다」, 《조선일보》). 특히 불온시에 대한 그의 견해는, 그것이 그의 반시론의 이론적 근거를 이루고 있다는 점에서 주목에 값한다.

모든 실험적 문학은 필연적으로는 완전한 세계의 구현을 목표로 하는 진보의 편에 서지 않을 수 없게 되는 것이다. 모든 전위문학은 불온하다. 그리고 모든 살아 있는 문화는 본질적으로 불온한 것이다. 그것은 두말할 것도 없이 문화의 본질이 꿈을 추구하는 것이고 불가능을 추구하는 것이기 때문이다.

모든 예술은 그것이 꿈, 다시 말해서 불가능을 추구하는 것이기 때문에 본질적으로 불온한 것이라는 그의 주장은 예술의 비타협적, 반도식적 성격을 날카롭게 부각시킨다. 그에 의하면 예술은 그것이 정치적 이데올로기와 결부될 때 그 생명력을 잃는 것이 아니라, 하나의 이데올로기에 봉사를 강요당할 때 질식한다. 그때에 예술은 하나의 도식, 명령에 지나지 않을 것이기 때문이다. 오늘날 그의 시에 대한 주목이 갈수록 깊어지고 있는 것은, 불가능을 추구하는 예술 본래의 역할에 대한 성찰이 점점 더 절박한 것으로 인식되고 있기 때문일 것이다.

그의 예술적 전언(傳言)은 폭로주의적인 입장에 서 있는 민중주의자들이나, 낯선 이미지의 마주침이라는 기교를 원래의 초현실주의적 정신과 관련 없이 사용하는 기교주의자들의 비판의 대상이 되고 있다. 예술은 그러나 폭로도 아니며 기교도 아니다. 그것은 그 두 가지를 초월한 그 어떤 것이다. 성실하고 정직한 인간은 언제나 불가능한 것을 가능한 것으로 만들기 위해 싸운다. 인간의 모든 예술적 노력도 그런 싸움의 기록이다. 혼돈의 영역을 언어로써 조금씩 조금씩 인간적 질서의 영역 속에 편입시키는 작업이야말로, 정직하게 세계를 이해하고 관찰하려는 모든 의식인의 공통된 목표이다. (문학평론가)

연보

1921년	11월 27일(음 10월 28일) 서울 종로구 관철동에서 부(父) 김해 김씨 태욱과 모(母) 순흥 안씨 형순 사이의 8남매 중 장남으로 출생. 본적 서울 종로구 묘동 171. 다음해 서울 종로구 종로 6가 116으로 이주.
1924년	조양유치원 입학. 이듬해 서당에서 한문 공부.
1928년	서울 효제국민학교 입학. 6학년 때 장티푸스 뇌막염 등으로 1년 학업 중단.
1935년	선린상업 입학.
1941년	도일. 동경의 고등예비학교에 다니는 한편 연극에 심취.
1943년	조선학병 징집을 피해 일본에서 귀국. 한 해 앞서 이주한 가족을 따라 만주 길림성으로 이주. 영미 문학, 연극 등에 경도함.
1945년	8·15광복과 더불어 귀국. 서울 충무로 4가로 이사.
1946년	연희대학 영문과 4년 편입.
1949년	부친 사망. 김경린·임호권·박인환·양병식 등과 함께 5인 시집 『새로운 도시와 시민들의 합창』 간행.
1950년	6·25전쟁 발발.

	5세 연하 김해 김씨 현경과 결혼.
	공산군에 징집됨.
	장남 준 출생.
1953-1954년	포로수용소에서 석방. 석방 후 부산에서 미군의 통역. 대구의 교통부, 상경하여 《주간 태평양》 등의 직장 전전.
1955년	1·4후퇴 때 수원으로 피난가 있던 가족과 합류. 서울 성북동으로 이사.
	평화신문사 문화부 차장 근무(6개월간).
	다음해 서울 마포구 구수동 41의 2로 이사.
	번역을 주로 하며 자택에서 양계를 함.
1957년	합동 시집 『평화에의 증언』 간행.
1958년	시집 『달나라의 장난』(춘조사) 발행. 차남 우 출생.
1960-1968년	잠시 서라벌예대 강사, 서울대·이대·연대 특강.
1968년	6월 15일 상오 11시 10분께 귀가 도중 마포구 구수동 66 앞길에서 버스에 치여 적십자병원에서 응급가료타가 다음날(16일) 아침 8시 50분 숨을 거둠. 서울 도봉동 131 선영에 묻힘.

시작품 외에 시론, 수필, 일기, 미완성 장편소설(유고) 등 다수. 번역 소설·평론 30여 편. 역서 『에머슨 논문집』 『이십세기의 문학평론』 『문화·정치·예술』 『현대문학의 영역』 등.

시작품 연보

1946년 「묘정의 노래」「孔子의 생활난」
1947년 「가까이할 수 없는 서적」「아메리카 타임지」「이(蝨)」
1948년 「웃음」
1949년 「토끼」「아버지의 사진」
1953년 「달나라의 장난」「애정지둔(愛情遲鈍)」「조국에 돌아오신 상병포로 동지들에게」「풍뎅이」「부탁」「너를 잃고」
1954년 「시골 선물」「구라중화(九羅重花)」「도취의 피안」「방안에서 익어가는 설움」「나의 가족」「거미」「더러운 향로」「PLASTER」「구슬픈 육체」
1955년 「나비의 무덤」「긍지의 날」「영사판」「서책」「헬리콥터」「휴식」「국립도서관」「거리 1」「너는 언제부터 세상과 배를 대고 서기 시작했느냐」「거리 2」「연기」「네이팜 탄」「수난로」
1956년 「바뀌어진 지평선」「기자의 정열」「구름의 파수병」「사무실」「여름뜰」「여름 아침」「백의(白蟻)」「병풍」「눈」「지구의」「꽃 2」「자〔針尺〕」
1957년 「영롱한 목표」「폭포」「봄밤」「채소밭 가에서」「예지」「하루살이」「서시」「광야」「영교일(靈交日)」「꽃」
1958년 「초봄의 뜰 안에」「비」「말」「사치(奢侈)」「밤」

「동맥(冬麥)」
1959년 「자장가」「모리배」「생활」「달밤」「사령(死靈)」「조고마한 세상의 지혜」「가옥찬가」「말복」「반주곡」「파밭 가에서」「싸리꽃 핀 벌판」「동야(凍夜)」「미스터리에게」
1960년 「파리와 더불어」「하…… 그림자가 없다」「우선 그놈의 사진을 떼어서 밑씻개로 하자」「기도」「육법전서와 혁명」「푸른 하늘을」「만시지탄은 있지만」「나는 아리조나 카보이야」「거미잡이」「가다오 나가다오」「중용에 대하여」「허튼소리」「피곤한 하루의 나머지 시간」「그 방을 생각하며」「나가다 겐지로오(永田絃次郎)」
1961년 「눈」「사랑」「쌀난리」「황혼」「4・19시(詩)」「여편네의 방에 와서」「격문(檄文)」「등나무」「술과 어린 고양이」「모르지?」「복중(伏中)」「누이야 장하고나!」「누이의 방」「이놈이 무엇이지?」「먼 곳에서부터」「아픈 몸이」「시」「여수(旅愁)」
1962년 「적」「절망」「파자마 바람으로」「마케팅」「만주의 여자」「백지에서부터」「장시(長詩) 1」「장시(長詩) 2」「전향기」「만용에게」
1963년 「피아노」「반달」「깨꽃」「플란넬 저고리」「여자」「돈」「죄와 벌」「우리들의 웃음」「참음은」
1964년 「거대한 뿌리」「시」「거위 소리」「강가에서」「X에서 Y로」「이사」「말」「현대식 교량」
1965년 「65년의 새해」「제임스 딘」「미역국」「절망」「적 1」「적 2」「잔인의 초」「어느 날 고궁을 나오면서」「이 한국문학사」

1966년 「H」「이혼취소」「눈」「식모」「풀의 영상」「설사의 알리바이」「금성라디오」「도적」「엔카운터지(誌)」「전화 이야기」「네 얼굴은」
1967년 「VOGUE야」「사랑의 변주곡」「꽃잎 1」「꽃잎 2」「꽃잎 3」「여름밤」「미농인찰지(美濃印札紙)」「세계일주」「거짓말의 여운 속에서」「라디오계」「먼지」「미인」
1968년 「성(性)」「원효대사」「의자가 많아서 걸린다」「풀」

오늘의 시인 총서 1
거대한
뿌리

1판 1쇄 펴냄 1974년 9월 25일
1판 20쇄 펴냄 1994년 9월 20일
2판 1쇄 펴냄 1995년 11월 20일
2판 26쇄 펴냄 2023년 5월 29일

지은이 김수영
발행인 박근섭, 박상준
펴낸곳 (주)민음사

출판등록 1966. 5. 19. 제16-490호
서울특별시 강남구 도산대로1길 62(신사동)
강남출판문화센터 5층 (우편번호 06027)
대표전화 02-515-2000 팩시밀리 02-515-2007
www.minumsa.com

ⓒ 김수명, 1974, 1995. Printed in Seoul, Korea

ISBN 978-89-374-0601-0 04810
ISBN 978-89-374-0600-3 (세트)

* 잘못 만들어진 책은 구입처에서 교환해 드립니다.